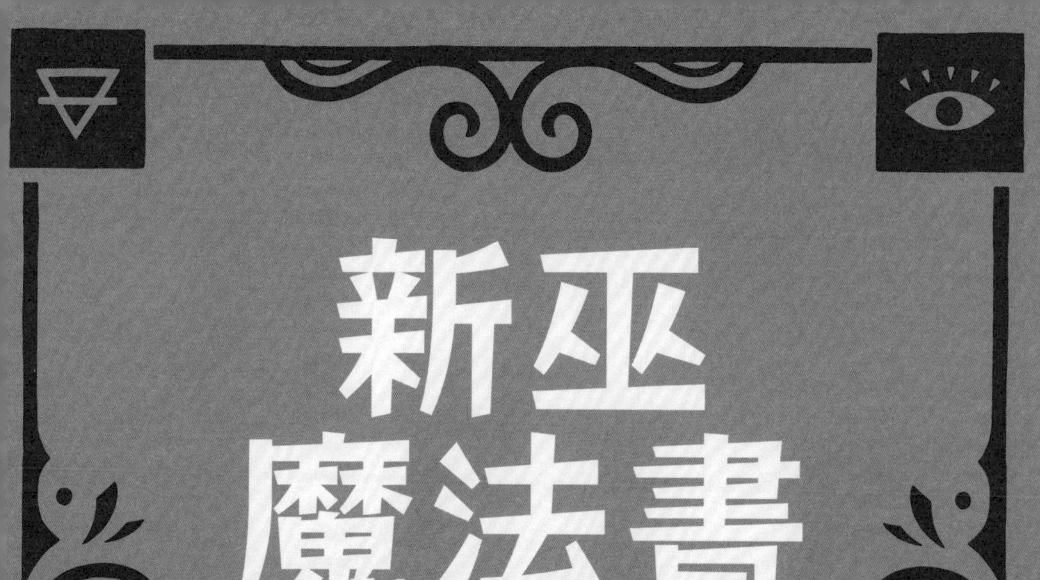

新巫魔法書

the SPELL BOOK for NEW WITCHES

AMBROSIA HAWTHORN
安柏希雅・哈索恩

新巫魔法書

the SPELL BOOK for NEW WITCHES

本書獻給
尋求魔法以改變自身生命的
巫師同伴

目錄

第4章 錢財與繁盛 76

第5章 工作與事業 104

序言

歡迎閱讀《新巫魔法書》，我是安柏希雅・哈索恩，也是獨修的巫師（witch），是《巫學雜誌》（Witchology Magazine）月刊的編輯。我希望能藉由本書分享我這十五年巫術實修經驗中的故事、知識與技藝，讓你能夠運用那早已在你體內的魔法並得到好的結果。

沒錯，我們每一個人的內在都有魔法。不過，你不用去霍格華茲學校上課，也不需要扭著鼻子施法或騎乘魔帚。相反地，本書會教你如何實修魔法、連結自然世界，幫助你發現那一直在自己體內的巫師。我將會揭露關於施法及巫術的錯誤觀念，教導你如何去創造及具現自己的想望與需求，使生活變得更好。

我是在十三歲的時候開始踏上巫術之路（witchcraft）。是的，我真的很年輕就入門了，然而宇宙的運作有其奧妙之處。我的故事也許跟你的故事很像，但也有可能完全不同。通往巫術的道路有很多條，我的巫術之路是在我的生命中最適當的時機開始展現出來的，而你的巫術之路也會如此。

當時之所以會鑽研施法（spellcasting），係基於許多不同的理由，像是想要建立自己在學校的自信、賺錢照顧家庭、保護自己不受欺淩、為熱戀製作愛情魔藥，還有為自己帶來好運。我在七歲的時候，雖然還不曉得什麼是巫術或施法，卻願意為了尋一片四葉苜蓿而利用課間及午休時間到處翻找。我曉得它們是帶來好運的護符，而且在內心深處，我知道自己需要。在經過數週的尋找之後，我終於找到一片。我的母親協助我把它框起來，成為鑰匙圈的飾品，所以我無論去哪裡都帶著它，並且在需要的時候向它要求好運。現在的我回頭審視這段往事，就了解到那鑰匙圈是自己第一個經過施法的護符。之所以分享這段故事，是為了指出法術工作（spellwork）如此特別的理由——因為幾乎任何資訊來源都可以產生法術，你也可以依自己的意思進行直接明快或錯綜複雜的法術。

如果你跟我一樣，係因法術可以為自己創造機會與改變而受到吸引的話，那麼你只要處在當下、抱持學習這門技藝的欲望即可，本書的法術不會要求你準備蠑螈眼睛或老鷹蛋啦！無論你是在人生旅途的何處挑到這本書，都是最恰當的時機。就讓我們一起潛入施法與魔法的美妙世界吧！

實修魔法

魔法不僅是混合魔藥、燃燒蠟燭或縫製布偶而已。我們周遭的一切都蘊藏著魔法，而優秀的施法者必定在該項技藝的過往沿革有著深厚根基。我會藉由本書這部分講述實修魔法的必要基礎，即對於法術施展的認識以及必要準備工作。

若要開始走上魔法之徑，你唯一需要的事物就是自己。你內在潛藏的力量，等著你來取用。而魔法的練習將讓你擁有療癒、改變自己與這個世界的能力。

我衷心希望本書所提到的基本知識，能協助你成為自己心目中的最佳巫師。就讓我們來看看，成為一個實修巫師，到底具有什麼意義吧！

第1章
了解
施法

若要開始涉獵施法的技藝，我們就得談論魔法的樣貌、功能及其使用理由。我們將在本章探討術語、學習巫術與威卡（Wicca）之間的差異，繼而談論常見的錯誤觀念，還有核心概念與行為準則。有了這些基礎知識當成奠基石，就可以開始在自己的生命中創造出想要的改變。

什麼是法術？

法術是魔法的現實面向，其運作藉由操縱能量以達成特定的意圖或目的。法術以情緒為動力，並結合個人的力量或周遭環境的能量來發揮作用。然而，我們得先審視魔法（magic）、力量（power）以及能量操縱（energy manipulation）的本質，才能了解法術之所以有效的原由。

魔法是那股流經所有自然事物的能量，它是中性的能量，既不善也不惡。力量係指導引魔法為自己所用的實修技藝，而在你開始導引或彎折魔法時，可以視為是在累積個人的力量。藉由這樣的操縱，你就能夠影響或控制自身周遭的能量。

我們都是由物質分子組成，而這些分子之間的連結含有潛在的能量。「我們能夠運用及導引這股能量」——這概念其實並不罕見。事實上，如果某個人將自己的能量傳來我們這裡，我們也會很容易辨認出對方傳來的時間點。你是否有過某人用手在距離你背後幾公分的地方隔空掃過的「感覺」？有感覺到癢感、甚至熱感嗎？這就是能量朝著你來的感覺。

法術施展僅是能量操縱的眾多方式之一。水晶、石頭、藥草、貝殼、金屬與木頭被用來當成能量操縱的工具已有很長的歷史，而現代流行的身心療癒技術，像是太極、靈氣（Reiki）、冥想、瑜伽、針灸甚至按摩，也都是在操縱能量以療癒身心靈整體。所以，運用法術並不是像一般人想的那樣稀奇古怪喔！

必須記住的重點，就是法術不是桌遊的監獄通行卡，亦即它們無法立刻解決你想要處理的所有問題，因為它們需要能量、時間、心力、專注與信心來發揮作用。然而，若你認為可以施展法術使別人愛上自己，或是強加魔法在別人身上，這都是常見的錯誤觀念。你無法用魔法剝奪別人的自由意志。

魔法具有強大的力量，而力量的運用就伴隨著責任，這一點也請務必記得。身為一位施法者，其責任就是尊敬自然法則與不造成傷害。力量提升及法術施展都是對於能量的暫時操縱，並不會造成永久的改變。

誰會施法？

任何想要在自身生命中創造出正向改變的人，都能施法。任何對這方面有興趣到足以拿起這本書來看的人，都已處在通往開始施展法術之道路上。想對自己的人生道路看得更加透徹或找出其目標的人們，施法能帶來幫助。至於經常施法的人，通常是依循尊敬自然的宗教或靈性道路的異教徒（Pagan，非基督教的信徒）。許多施法者會選擇走新異教之道（Neo-Pagan）或是巫術傳統，而後者含括現代或混合式的習修法門，像是元素巫師、世俗巫師、越界巫師、兼容巫師或傳統巫師。你可以按照自己的意思，從這些分類當中創造出最適合自己的道路。

◆ 元素巫師（Elemental Witch）◆

這類巫師會在魔法操作中使用四元素（地、風、火及水），可能四種全用，也可能只用其中一種。有些巫師在操作時相當倚重元素，像是綠巫（green witch）、海巫（ocean witch）及爐巫（hearth witch）。綠巫會以地元素建構自己的魔法操作，並運用藥草、水晶與木頭；海巫則是使用水元素，並運用海洋、氣候魔法、貝殼、漂

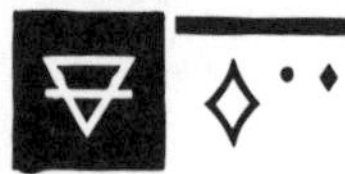

流木、海草與海砂；爐巫有時又稱廚巫（kitchen witch）或小舍巫師（cottage witch），他們使用火元素為自己所煮食、烘焙、釀製與創作的魔法物品賦予力量。

◆ 世俗巫師（Secular Witch），又稱無宗教巫師 ◆

世俗巫師不呼求神祇，而是運用象徵、比喻或原型來進行法術。世俗之路越來越受歡迎，許多世俗巫師也會在自己的魔法操作結合巫術的其他種類。

◆ 越界巫師（Hedge Witch）◆

他們有點難以定義，其另一稱呼是「跨界者」（hedge rider）。這類巫師會越過現世的藩籬進入未知或其他世界。越界巫師通常使用藥草知識來製作藥劑、油膏與飲料，其修習方式的本質通常屬於薩滿（shaman）或北歐古代魔法（Seidh）的類型，像是星體投射（astral projection）、清醒夢（lucid dream）、恍惚狀態的操作以及與靈性存在的溝通。

◆ 兼容巫師（Eclectic Witch）◆

兼容巫師並不從屬任何特定分類，多為獨修巫師，不隸屬既定的習修法門或團體。兼容巫師所走的路，是根據自身需要與能力而量身打造的現代傳統大雜燴。

◆ 傳統巫師 ◆

傳統巫師算是比較大的族群，底下分成許多較小的群組，其根源通常都可以溯至好幾世紀以前，有時會跟威卡有所關連。這個類別常會看到的習修法門，有儀式（ceremony）魔法、民俗（folk）魔法、胡督（Hoodoo）魔法、世襲（hereditary）魔法、凱爾特（Celtic）魔法及其他異教，其中有些道路會需要入門或依循特定規矩才能修習。

法術與巫術及威卡的關聯

讀到這裡，你大概已經注意到異教信仰（Paganism）、威卡與巫術等字詞，而且也許正在思索它們所代表的意義。威卡與巫術都歸在異教信仰的分類當中，然而巫師（witch）並不等於威卡信徒（Wiccan），反之亦然。異教徒依循尊敬自然的宗教或非宗教的道路，而威卡則是一種榮耀眾神並以大地為中心的宗教，巫術則是廣納眾多不同宗教或非宗教道路的習修方式。你可以選擇某一條路來走，或是創造一條屬於自己的路。

即使如此，我還是盡量避免為自己的習修方式貼標籤。事實上，你並不需要定義自己的道路，許多人之所以深受異教習修方式所吸引，就是因為它具有「彈性」。道路沒有對錯，所以我會建議你，每條路都去嘗試一下，以建構出適合自己的習修方式。

施法的歷史

在歷史上，施法算是常見的行為。英文的「spell」（法術）係源自盎格魯－撒克遜語的「spel」，即「說法」、「故事」的意思。在古文明中，法術會隨著語言一起發展，例如古埃及，他們那些落於文字的故事通常含有法術。

英文的「witch」(巫師)可以溯至古條頓語的「wik」，即「使之彎折」(to bend)之意。巫術與魔法在十四世紀之前達至巔峰，然而在西元 1486 年，天主教的某位神職人員出版《女巫之錘》(Malleus Maleficarum、Hammer of Witches)一書(目前該書作者的真實身分已受到懷疑)，也就是俗稱的「獵巫指南」，使事態出現大幅改變。這本書的流傳使敵視巫術的聲浪逐漸升高。英國在 1542 年通過「巫術法案」(Witchcraft Act)，行巫術或施展法術者須判處死刑。1692 年，英屬北美殖民地麻薩諸塞灣省塞勒姆的審巫案(the Salem Witch Trials)，則將 19 人以非法習修巫術的罪名判處死刑。

對於巫師的迫害延續數世紀，直到二十世紀初，敵巫運動才逐漸失去大眾的支持。到六〇、七〇年代，美國社會修習威卡及巫術的人數及團體數量都有明顯增長。1986 年，美國聯邦第四巡迴上訴法院(the U.S. Court of Appeals for the Fourth Circuit)於受理狄特瑪控告朗東案(Dettmer v. Landon)時，承認威卡是合法宗教。

儘管大眾對於巫術的接受度越來越高，許多巫師仍然對非法迫害感到擔憂，所以有些人會選擇隱密修習巫術，即「不出帚櫃」(in the broom closet)的意思。

核心原則

巫術的核心原則跟我們為了在周遭環境創造出變化所採取的能量運用方式有關。魔法是以能量的形式遍及我們周遭，而練習法術則能幫助我們學會引導那用於操縱能量的自身意念。不過，你的意念必得符合以下所列的核心原則。

♦ 崇敬自身所處環境與大自然 ♦

自然界的每事每物都是神聖的，而且充滿能量。許多異教儀式與法術會配合季節與元素進行。慶祝季節、榮耀季節，因為它們訴說著出生、生活、死亡與重生的故事。而我們也能呼請元素帶來保護、指引或能量。

♦ 慶祝孕力與性力 ♦

歡慶生命、光明、喜悅、熱情與感官享受，能夠點燃我們每個人內在的生命力。擁抱自己的孕力（fertility）與性力（sexuality），這樣的態度能成為具現魔法的有效工具。許多巫師慶祝孕力與性力的時候，係於春季的異教節慶（sabbats），即聖燭節、春分與五朔節，這部分會在第2章（參見第24頁）詳細說明。

♦ 運用直覺與個人能量 ♦

你能藉由自己的個人能量影響周遭環境，可以從自己的本能反應與印象開始運用。你是否曾感受到內在深處試圖告訴你的某些訊息（通常是示警）呢？這就是你的直覺，一旦你學會如何傳導這股能量，就能用它來加強自己的法術。

♦ 榮耀業力及宇宙法則的自然平衡 ♦

業力（Karma）的原則，即是你對於這世界所做的每一作為，世界都會用一模一樣的作為回敬給你。「三倍奉還定律」（the Law of Threefold Return）是古老的異教格言，用於警告新巫師在行使具有傷害性質的魔法時會有的後果，即若你對他人造成傷害或行使操縱性

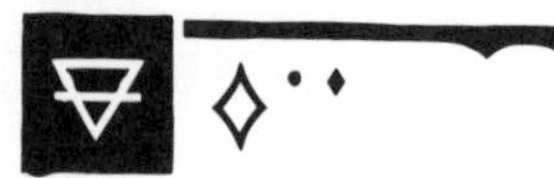

質的魔法，你將承擔三倍的同樣作為。許多異教徒係以這股業力作為生活準則，其另一稱呼則是宇宙法則（cosmic law）。

◆ 知曉來世、靈魂與輪迴轉世並且有所了解 ◆

許多巫師相信人有來世，並將出生、生活、死亡與重生的循環視為轉動無休的輪子。很多巫師是在異教節慶的重生日慶祝結束與開始，而隔在眾界之間的帷幕會在那時變得比較薄。我們會在第2章詳細探討重生日（參見第25頁）。

法術工作的驅動力量

個人在法術工作的驅動力量應當源自於對自然及宇宙奧祕的尊敬，當你愈能對準大地的自然韻律，就愈能調到世界諸祕的頻率，對於未知的一切也能有更多認識。

◆ 魔法與力量的差別 ◆

魔法是那股流遍整個世界的自然能量，而力量是傳導那股能量的實修技藝。你的內在蘊藏力量，等著你去運用它，而我們可以在自然的事物上發現魔法的存在。

身為施法新手的你，所取用的能量絕大多數源自於個人能量。不過，只用自己的能量會有過度耗損的可能，所以本書所列的法術會借用自然事物的額外能量，包括水晶、藥草、油品、香氛、木頭與源自動物的物品。

另一種源自你內在的力量則是心靈力量。有些巫師具有像是預知、直覺、靈視、接觸感應、靈媒或共感吸收等能力。

預知（Precognition）：在事物或事件發生之前知道的能力。

直覺（Intuition）：未得知相關資訊就能知曉事物的能力。

靈視（Clairvoyance）：通常又稱「透視」（clear vision），是揭露隱藏事物的能力，常被認為是「內在視覺」（inner sight）。

接觸感應（Psychometry）：能夠讀取某物件的能量，或感知過去曾持有該物件的人們之詳細資訊的能力。

靈媒（Mediums）：能夠接受來自靈界的訊息，也能與靈性存在進行通靈。

共感者（Empaths）：能夠感知他人的感受與情緒，而在過程中通常會吸收到對方的能量。

「好魔法」或「壞魔法」

非魔法的社群通常會對魔法貼上「好」或「壞」的標籤，然而在魔法的社群中，並不會明確區分「好」魔法或「壞」魔法。魔法並沒有好與壞的差別，其效應端視施法者的意念能量而定。

傷害、復仇、改變他人的自由意志或詛咒他人等諸如此類的魔法運用方式，算是所謂的「黑魔法」或不道德的操作方式。至於療癒、增進能力或提振人心等等的魔法運用方式，則常被稱為「白魔法」。許多巫師會為自己增加「白巫師」的稱號，以迴避人們認為所有巫師都是邪惡或不良的常見錯誤觀念。

當你被迫面對詛咒、難聽的謠言、惡靈或跟蹤騷擾時，也許會很想在自己的魔法用上惡劣的意念。然而，如果你真的這樣做，也許會使自己無可避免地承擔業力或宇宙律法的後果，也就是前面第 12 頁談到的原則。在魔法方面的道德倫理，就跟現實生活領域一樣，你終究都得為自己的行為承擔責任。

第2章
為施法
做準備

在一頭鑽進法術工作之前，你得先學習如何成為成功的施法者。學習施展法術的基礎知識，能幫助你建立起具有成效且能維持下去的操作方式。這些基礎知識包括法術的行使方式、操作的地方、使用的工具，還有連結自身力量的方式。你也會習得常見的符號、重要的日子，還有季節與循環。

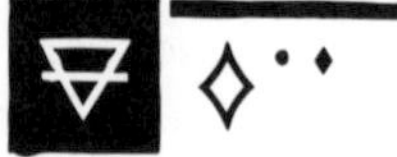

法術的行使方式

在行使某個法術時，你會去創造新的能量，不然就是操縱已經存在的能量。法術的基本過程就是「造」(crafting)與「施」(casting)。「造」係指選擇施法的地方、淨除不需要的能量、立起保護圈、提升能量與設定個人意念。「施」係指法術的行使、撤下保護圈，還有觀察結果。然而，不同傳統在「造」與「施」的特定步驟會不一樣。

當你在造法時，得先奉獻出一個讓自己可以進行的法術的地方，並淨除那裡的負面或不需要的能量。許多巫師會創立永久性的祭壇，或設定某個專供自己進行法術的神聖空間。

接下來，你得立起保護圈以保護自己不受外在的影響或不必要的注意。立起保護圈的方式有很多，例如傳統巫術的施法者也許會祈求某位男神或女神賜予保護，而世俗巫師也許會使用內含自然能量的特殊物品(詳細說明參見第30頁)，或運用自身能量造出屏障。

一旦處在保護圈裡面，你就必須汲取從單一或多種能量來源為自己的法術充能，而這些能量也許來自某位男神或女神、某個自然物品(例如水晶)、護符，或是你自己。

在完成法術之後，你得先退除連往法術的能量，然後撤下保護圈。至於撤下保護圈的方式，應當跟你立起保護圈的方式一樣，僅是以相反方式進行而已。

法術的行使之處

巫師會在各種地方行使法術。你也許會奉獻某個房間作為自己的神聖空間，或是運用各種地方所具有的特性，進行適合的特定法術。如果你是「不出帚櫃」的人，自己的房間也許就是唯一選項，但即是如此也非常棒喔！

很多法術工作都能在室內進行，絕大多數的藥水、茶飲與烘焙工作都能在廚房進行，但沐浴的法術應會在浴室進行。如果法術工作有運用到月亮、占星、季節、自然或天氣的話，也許就要在戶外行使。如要在戶外進行法術，請盡量尋找不會使你分心或受到打擾的平靜隱密之處（如果你家有露天庭院的話，那會是施展戶外法術的理想地方）。

無論選擇何處進行法術工作，「安全」都應是你的首要考量。例如，無論在任何地方，進行火魔法時，使用防火材質的工具、備妥滅火器，都是必做的重要事項。最重要的是，你應當在使自己感到舒適與安全的地方行使法術。

創立祭壇的方式

祭壇（altar）可以是某個平台或是桌子，用來當成進行法術、典禮、儀式、冥想及其他魔法修習的工作空間。你可以按照自己的意思將祭壇調整到適合進行特定的法術，或是對應當令的月分或季節。例如，許多巫師會以八個異教節慶（詳見第 24 頁）為祭壇主題。如果在戶外的話，可用樹樁或扁平的岩石當成祭壇。如果你時常旅行的話，就打造能夠攜行的祭壇套組以方便隨身帶著。

依照你所遵循的傳統，放在祭壇上的工具會不一樣。無論有多少預算，都可以創立祭壇——只要能發揮功效就好，至於簡單或繁複都可憑你的意思而定。許多巫師的祭壇方位是朝向北方，上面的物品或工具則各自象徵四大元素（地、風、火與水）之一。你也可以加入自己想放的其他事物，像是影書、水晶、季節性物品或其他供物，或許也可以為不同的法術調整自己的祭壇。準備自己的祭壇應是有趣的過程，所以請自由揮灑你的創意吧！

連結自己的力量

在修習魔法之前，你得先學習連結自己的個人力量，其過程需藉由清除思緒、去除分心事物以達至放鬆且專注的心智狀態。許多巫師會在修習的開始先進行五到十分鐘的冥想。你也可以嘗試把音樂、燭光、燃香、芳香精油或引導冥想納進這個過程。

當你的心智回歸清晰時，你必須將能量回歸中心、提升並落實大地。將能量回歸中心是第一步驟，那是為了要連結自身能量並將之視覺化的起始過程。當你將自己的能量歸於中心時，你應能夠感覺到它在擴張與收縮。請專注在連結自己身體的能量，並嘗試感覺到某種均衡與動態平衡的感受。

接著，你必須提升自己的能量。新手巫師有時會在這階段過度使用自己的能量，最後累垮自己，如要避免這情況，你可以在進行法術工作時運用能獲取額外能量的物品，像是水晶、石頭及充滿月亮能量的水。這些物品本身具有的能量可以讓你用來與自己的能量結合，將能量提升到足以施展法術的程度。如要在法術中運用已充能的物品，就把該物品——例如水晶——握在手中，然後觀想自己與水晶的能量混在一起。在這時候，如果手有熱感，那是正常現象，代表你已收取能量，準備用於法術中。

當你完成法術之後，將你的能量落實大地以重新平衡自己的能量層級，這步驟能將施法之後的過多殘餘能量放掉。如果你是施法新手，我會建議準備一些具有落實效果的水晶或礦石，像是血鐵礦（hematite，其平滑滾石、圓珠型態在華人圈另稱金剛石）、月光石（moonstone）、黑曜岩（obsidian）與蘇打石（sodalite）。如要進行落實的步驟，就要在現實世界盡量靠近大地，這是因為靠近大地有助於培養出較為容易且平順的連結。然後一邊專注於呼吸、一邊觀想所有多餘能量都從自己的身體移出去，藉由每次吐氣釋出一些能量，並逐次增加一點釋出的量，感覺那能量流入大地。

法術工作的團修與獨修

既然你已知道施法的基本知識，此刻來談談新手巫師常會問的問題：如要習修魔法或施展法術，加入巫團是必要條件嗎？答案是否定的。要不要加入巫團是個人的選擇——只有你本人才能決定。

♦ 巫團（Coven）♦

巫團是成員之間具有社群關係的巫師團體，他們會一起習修及行使魔法、儀式與典禮。巫團的英文「coven」——源自拉丁文的「一起來聚」（convenire）——係從 1921 年瑪格麗特．慕瑞（Margaret Murray）的著作《西歐的巫師信仰》（The Witch-Cult in Western Europe）開始流行。巫團通常有一到兩位領導者，即所謂

的祭司長（High Priest）或女祭司長（High Priestess）。當在巫團施展較大的法術時，通常會分工合作，裡面的每個人都會負責該法術的某一步驟或任務。本書所納的法術，雖然均是寫給獨修的施法者看的，然而也能用在團體習修。

今日的巫團已經沒有以前那樣盛行。有些巫團落得爭議無休與墮落腐敗的臭名，還有少數巫團據稱有見不得光的內情，像是毒害團體的權力鬥爭、性剝削、強迫裸體、賄賂及其他不適當的作為。由於巫團有著一長串令人不放心的過往，所以現今許多巫師偏好獨自修習魔法。

◆ 獨修（Solitary）◆

如果你是獨自修習的話，基本上都是靠自己來施展魔法，不過你還是可以加入其他巫師、威卡信徒或異教徒的社群。現今的許多巫師會一起參加「巫圈」（circle）的活動，那是不具備巫團架構的公開集會。巫師們通常會為榮耀滿月、完成儀式、討論靈性或其他主題而在巫圈相聚，而修習不同法門的巫師也可藉巫圈一起合作。尋找適合自己的巫師團體的確需要花點心思與時間，就是參加集會、與其他成員來往，還有多多發問。最重要的是，如果你有感覺到任何程度的逼迫或危險的話，請務必記得你具有充分的權利離開。

曆法、季節與週期

運用曆法、季節與循環週期，能讓你有效率地連結周遭的自然與魔法。你需要記得的重要日子包括春分、秋分、夏至與冬至，它們是組成「年之輪」（the Wheel of the Year）的部分異教節慶。

♦ 四季與分至 ♦

一年的四個季節由四個太陽慶典予以標誌，即春分、夏至、秋分與冬至。此外，每個季節的中間也會有慶典，即季節過半的慶典。因此，四個太陽慶典加上四個過半慶典，就是異教的八個節慶：重生日、冬至、聖燭節、春分、五朔節、夏至、收穫節與秋分，均是榮耀季節變換的慶典。異教節慶的英文「sabbat」一字係源自拉丁文「sabbatum」，意謂「休息日」。

重生日（Samhain，讀音為 sow-in 或 sah-win）——這個異教節慶代表當年最後一次的收成、夏季的結束以及巫師新年之始。北半球通常會在 10 月 31 日慶祝重生日，南半球則在 4 月 30 日慶祝。重生日就是分隔世界的帷幕變到最薄的時候，使死者與仙靈（fae，即自然精靈，像是小仙子 fairy、精靈 elf 與地精 goblin）得以進入我們的領域，其時間也跟萬聖節（Halloween）一致。在重生日進行的活動有榮耀亡靈及仙靈等靈性存在、連結自己的祖先或是歡慶生死。

冬至（Yule，讀音為 yool 或 ewe-elle）——北半球是在 12 月 21 至 22 日慶祝冬至，南半球則在 6 月 21 至 22 日慶祝。冬至是一年當中夜晚最長的日子，在這之後，春天逐漸靠近、夜晚逐漸縮短。冬至象徵光的承諾以及太陽的重生，可以用來榮耀生死的蛻變能量，也是跟家人朋友一同歡慶的時候。

聖燭節（Imbolc，讀音為 im-bullg）——北半球是在 2 月 1 日慶祝聖燭節，南半球則在 8 月 1 日慶祝。其常見的英文名稱還有「Candlemas」以及「Brigid's Day」（即布麗姬女神之日）。在經過冬季的黑暗與蟄伏之後，聖燭節標誌著生命重新出現在大地的時候。可以在此節日歡慶孕力、愛與創造性。

春分（Ostara，讀音為 oh-star-ah）——北半球是在 3 月 20 至 21 日慶祝春分，南半球則在 9 月 20 至 21 日慶祝。一年當中有兩天的白晝與黑夜等長，春分是其中之一。春分之後，白晝隨著夏季的趨近而逐漸增長。春分是在慶祝更新、平衡與重生，可以用此時來榮耀新生命與新想法。

五朔節（Beltane，讀音為 bel-tyn 或 bey-al-tin-ah）——北半球是在 5 月 1 日慶祝五朔節，南半球則在 11 月 1 日慶祝，也常被稱做五月節（May Day）。五朔節慶祝生命、新的開始、熱情與戀愛。可以在此節日榮耀人與人之間的結合與春天的能量。

夏至（Litha，讀音為 lie-tha 或 lee-tha）——北半球是在 6 月 21 至 22 日慶祝夏至，南半球則在 12 月 21 至 22 日慶祝。夏至是一年當中白晝最長的日子，可以用它來榮耀太陽、活力、生長，還有能力的增長。

收穫節（Lughnasadh，讀音為 loo-nah-sah）——北半球是在 8 月 1 日慶祝收穫節，南半球則在 2 月 1 日慶祝。其英文名稱為「Lammas」。收穫節是一年當中的第一次收穫慶典，此時該是收取那經過一年的努力而長出來的種子，以應付接下來的冷涼月分。可以在此節日慶祝感恩、豐盛與創造性。

秋分（Mabon，讀音為 may-bun）——北半球是在 9 月 22 至 23 日慶祝春分，南半球則在 3 月 20 至 21 日慶祝。一年當中有兩天的白晝與黑夜等長，即前面提到的春分與這裡的秋分。秋分過後，白晝隨著冬季的靠近而逐漸縮短。秋分也是一年當中第二次收穫慶典，用來與心愛的人一同歡慶與感恩（這節日的另一別稱是「巫師的感恩節」）。

♦ 月亮週期 ♦

月亮在法術施展扮演吃重的角色。它繞地球一周，亦即完成一個月亮週期，需要 29.5 天。在這個週期中，月亮會從新月漸盈到滿月，再從滿月漸虧下去，直到新月開始下一個新的週期。我們會在下一節討論月相，以及將它們用在自身魔法修習的方式。

月亮的角色

在整個週期當中，月亮的能量一直在變化，因此在施展法術時，你必須要知道當時的月相。

月亮週期是從**新月**（new moon）起算。新月象徵無限的潛能與既往不咎地重新開始，因此十分適合用於施展與新的開始、個人提升、具現、平安與占卜有關的法術。

上弦月（the waxing moon、the first quarter moon）係新月到滿月的中間點。此時月亮的能量逐漸增長，因此它十分適合那些需要能量來生長的法術，像是跟自己的創意、幸運、勇氣、健康、財務、平衡、動機與愛有關的法術。

滿月（full moon）是天上的月亮呈現圓形之時，也是它最亮的時候。月亮的能量在此時達到最滿，所以你應善用這段時間為自己以後要用的法術工具進行充能，有些巫師則會在這階段進行滿月儀式（Esbat）。滿月的月相十分適合那些與靈性、抉擇、健康與成功有關的法術。

下弦月（the waning moon、the last quarter moon）係滿月降回新月的中間點。這時間適合進行落實、釋放、消除、驅離、轉變、平衡，以及應對生活中的障礙等相關法術。

而在新月之前，會有**朔月**（dark moon、balsamic moon）。這階段的月亮隱於黑暗，不會出現在夜空中。朔月相當適合進行直覺、驅離、保護、淨化、冥想與能量工作等相關法術。

♦ 滿月 ♦

一年當中的每一個月分都會有一次滿月，隨著不同的月分而有不同之處。雖然一年有十二個月分，但是會有十三次滿月，所以會有某個月分出現第二次滿月，即所謂的「藍月」（blue moon）。以下是關於各月分滿月的一些資訊：

一月的滿月——狼月、冷月或樺（birch）月，著重在保護、直覺與智慧的能量。

二月的滿月——胎動月、雪月、餓月、貞月或花楸（rowan）月，屬於淨化、生長與療癒的能量。

三月的滿月——暴風月、蟲月、種子月、樹液月或梣（ash）月，屬於重生、覺醒的能量。

四月的滿月——野兔月、風月、草月、粉紅月或赤楊（alder）月，十分適合跟改變、平衡、情緒與策畫有關的法術。

五月的滿月——花月、快樂月、牛奶月、種植月或柳（willow）月，相當適合跟發展能量、直覺與人際連結有關的法術。

六月的滿月——玫瑰月、蜜酒月、草莓月、烈陽月或山楂（hawthorn）月，對於保護、強化、預防及維持等的法術非常適合。

七月的滿月——麥汁月、乾草月、雷月、祝福月、雄鹿月或橡樹（oak）月，十分適合跟占卜、夢工作（dreamwork）及心靈能力有關的法術。

八月的滿月——玉米月、紅月、鱘月或冬青（holly）月，係用於重生、豐富、興盛與更新等的法術。

九月的滿月——收穫月或榛（hazel）月，相當適合跟情緒、身心狀態及光明－黑暗主題相關的法術。

十月的滿月——血月、獵人月或葡萄藤（vine）月，十分適合跟放手、淨化、業力、生長、占卜、夢工作及靈性存在有關的法術。

十一月的滿月——悼月、霜月、河狸月或常春藤（ivy）月，能為擺脫舊有習慣或關係、嶄新開始及人際連結之類的法術提供助力。

十二月的滿月——長夜月、冷月或蘆葦（reed）月，相當適合跟情緒、身心狀態及光明－黑暗主題相關的法術。

藍月——在能量方面比其他滿月更強。

工具與衣著

每個施法者都需要工具以操作自己的法術，不過即使收集一堆昂貴的工具或好看的珠寶飾品，你也無法單靠它們增長力量，還是得先從學習基礎開始才行，所以我們會在這裡分享一些你應該要知道的事情。

♦ 施法的服裝 ♦

個人在習修魔法時所穿的服裝，會因各自依循的傳統而有所不同。參與巫團或巫圈的會員有時會穿長袍，有些威卡傳統則認為裸體修習魔法才正常。你的確應該思量自己在施法時的穿著，但不需要過度繁複或昂貴的服飾——這裡的重點在於你需要讓自己在坐、站、移動及三不五時的舞蹈當中都能感到舒適。穿戴飾品、水晶或護符也能強化你的能量。

◆ 具有意義的物品 ◆

巫師會運用各種不同的工具以及具有意義的物品來強化自己的技藝。對我來說不可或缺的工具就是影書、祭碗、研缽與碾杵、蠟燭、水晶、燃香、占卜工具、掃帚以及魔杖（wand）。本書所納的一些法術還會用到其他具有意義的物品，像是靈擺、珠寶飾品與布偶。以下是一些最常使用的工具與物品。

影書

許多巫師會用影書（book of shadows）或魔法書（grimoire）來記錄自己的魔法習修。巫師的影書內容可能會有法術、冥想、儀式、配方與各種註記。

祭碗

尋找好的祭碗（altar bowl）會稍微比預期難上一點。你的祭碗必須可以盛裝鹽、藥草、水晶還有水（在製作魔藥或占見的時候會用到）。我所用的是黑色或自然材質色澤的寬口深碗。

研缽與碾杵

親自碾碎藥草的動作，能夠幫你設定法術工作裡面的意念。我是用研缽（mortar）與碾杵（pestle）來碾碎那些用於魔罐、咒袋、香袋、燃香、蠟燭敷料與布偶的藥草混合物。

蠟燭

本書的法術會用到各式各樣的蠟燭。大型的柱狀（pillar）或長錐（taper）蠟燭適合用在需時較長的法術，而茶燭（tea lights）或獻願蠟燭（votive candles）則適合一次性的法術施展場合。各種蠟燭的燃燒時間長短不一，5到7英寸（12.7至17.8公分）的柱狀蠟燭平均可以燃燒90到100個小時；較小的獻願蠟燭可以燃燒10到15小時；12英寸（30.5公分）的長錐蠟燭可以燃燒9到12小時；而茶燭的燃燒時間只有4到6小時。蠟燭一旦點燃，務必遠離可燃物、易燃液體與瓦斯。

水晶

水晶（crystal）是施法時的關鍵工具。我傾向將水晶視為可以反覆充能的能量電池。本書的法術會用到各種不同的水晶與礦石，然而我建議先從白水晶開始用起，畢竟它幾乎能夠替代各種法術使用的不同水晶。請記得在使用後到下次使用之前，務必清除水晶裡面的舊能量。常見的水晶礦石請參考第35頁。

燃香

法術工作的燃香（incense）時常用於協助清理、淨化及設定意念。燃香可以是易燃物或非易燃物。易燃的燃香成分含有助燃的硝石（saltpeter），並以香錐（cone）、線

香（stick）與盤香（coil）等商品形式在市面上流通。至於非易燃的燃香，就得使用放在不燃材質碟子上的碳餅（charcoal disc）來焚燒，而其形式通常為經過混合的散料燃香（loose incense mix），或是用繩索將乾燥藥草綁成束狀的煙薰棒（smudge stick）。

占卜工具

不同的巫師會用不一樣的占卜工具來協助占卜或預見未來。我總會在自己的祭壇擺一副塔羅牌（個人推薦萊德－偉特牌組 Rider-Waite deck），手邊也會有一袋盧恩符文石——那是一整套各自刻有盧恩符文字母表某一字母的石頭。盧恩符文（runes）係源自日耳曼且年代早於拉丁文的文字，我用的是含有24個字母的古弗薩克（Elder Futhark）盧恩符文字母表。

掃帚

掃帚（besom），或稱巫帚（witch broom），係用於清掃祭壇所在空間或房間，將之前進行的法術工作或儀式所遺留的舊能量清除出去。許多巫師會用迷你版的掃帚來清潔自己的祭壇、工具與施法材料。

布偶

布偶(poppet)是手工製作(通常是手工縫製)的布娃娃，在法術工作當中是用來象徵特定的人物。布偶可用各式各樣的布料來製作，不過如果你是縫紉新手的話，我會建議使用不織布(felt)，並用較粗的刺繡針與繡線來縫製。

魔杖或巫刃

魔杖(wand)在法術工作中是用於引導能量，常用來替代傳統的巫刃(athame、witch's knife)或乩板(planchette，即西洋通靈板的指示板)。可以製成魔杖的木頭有很多種，有些魔杖還會鑲上水晶或礦石。

巫師儲藏室的一瞥

本書所納的許多法術，其材料均使用能在當地超市找到的事物喔！以下所列是一些常用材料，至於少見的材料都能在巫師專賣店買到或上網訂購。

精油（essential oil）係原料植物經萃取芳香物質所得的濃縮油品。它們的力道很強，所以絕大多數用到精油的法術都只會使用微量而已。請注意，精油要先經過水或基底油的稀釋，才能敷在皮膚上。以下為本書最常用到的精油：

- 佛手柑 Bergamot
- 雪松 Cedar
- 尤加利 Eucalyptus
- 天竺葵 Geranium
- 茉莉 Jasmine
- 薰衣草 Lavender
- 廣藿香 Patchouli
- 胡椒薄荷 Peppermint
- 玫瑰 Rose
- 迷迭香 Rosemary
- 鼠尾草 Sage
- 檀香 Sandalwood

基底油（carrier oil）係用於稀釋精油的基礎油品（大多源自植物或蔬菜），價格通常不貴，往往都能在超市買到。以下是一些常用的基底油：

- 杏仁油 Almond oil
- 酪梨油 Avocado oil
- 椰子油 Coconut oil
- 荷荷芭油 Jojoba oil
- 橄欖油 Olive oil
- 玫瑰果油 Rosehip oil

藥草、香料、花與水晶是本書許多法術的關鍵成分。以下是一些常用的藥草、香料、花與水晶：

♦ 藥草（包括鮮品與乾品）♦

- 羅勒 Basil
- 月桂葉（乾燥）Bay leaf
- 香蜂草 Lemon balm
- 薄荷 Mint
- 艾草 Mugwort
- 柳橙皮（新鮮）Orange zest
- 聖約翰草 St. John's wort
- 百里香 Thyme

♦ 香料 ♦

- 多香果 Allspice
- 黑胡椒 Black pepper
- 黑鹽 Black salt
- 豆蔻 Cardamom
- 卡宴辣椒 Cayenne pepper
- 肉桂（粉末或棒狀）Cinnamon
- 丁香（整粒或粉末）Cloves
- 辣椒（碎）片 Crushed chili flakes
- 小茴香 Cumin
- 瀉鹽 Epsom salt
- 薑（鮮品或乾品）Ginger
- 肉豆蔻 Nutmeg
- 鼠尾草 Sage
- 海鹽 Sea salt
- 大茴香 Star anise

♦ 花（若無特別指示，均使用乾品）♦

- 洋甘菊 Chamomile
- 天竺葵花瓣 Geranium petals
- 洛神花 Hibiscus flowers
- 茉莉 Jasmine
- 薰衣草 Lavender
- 萬壽菊 Marigold flowers
- 玫瑰果 Rose hips
- 玫瑰花瓣（鮮品或乾品）Rose petals
- 紫羅蘭花 Violet flowers
- 西洋蓍草花 Yarrow flowers

♦ 水晶 ♦

- 東菱玉 Aventurine
- 血石 Bloodstone
- 紅玉髓 Carnelian
- 黃水晶 Citrine
- 白水晶 Clear quartz
- 祖母綠 Emerald
- 石榴石 Garnet
- 赤鐵礦（黑膽石）Hematite
- 青金石 Lapis lazuli
- 黑曜岩 Obsidian
- 橄欖石 Peridot
- 黃鐵礦 Pyrite
- 粉晶 Rose quartz
- 透石膏 Selenite
- 煙晶 Smoky quartz
- 蘇打石 Sodalite
- 虎眼石 Tigereye
- 綠松石 Turquoise

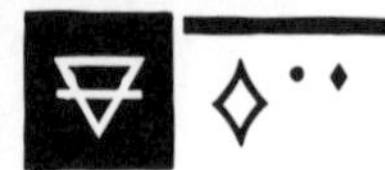

象徵

法術工作常會用到符號與象徵物。即使巫術的各個傳統之間會使用許多相同的符號，要作出詳盡的符號列表實屬難行，因此以下僅列出一些最常用到的符號與象徵物。

♦ 符號 ♦

符號讓你能簡略溝通及施展法術。而這裡需要學習的重要符號則是五芒星圓、元素三角、圓圈、月相、印記與繩結。

五芒星圓（Pentacle）——即裡面繪有一個五角星或五芒星（pentagram）的圓形。五芒星圓已成為現代異教主義的招牌符號，你也會常看到刻有這符號的工具。它跟眾元素、祭壇、聖圈、保護、神聖力量與靈性有著緊密關聯。

元素三角（Elemental triangles）——這是四種不同的三角形，各自象徵自然界（地、風、水、火）的某一元素。如果遇到無法直接取得某元素的狀況時，可以使用元素三角來代表。

圓圈（Circles）——這個形狀象徵神聖空間及具有保護性質的能量。圓圈也跟完整性、持續運作的能量、靈，還有太陽與月亮的占星符號有關。

月相——月亮週期的每一月相（新月、上弦月、滿月、下弦月與朔月）都有各自對應的符號。我們在前面第 27 頁已經談論過各月相之間的差異，對這方面的了解能為你的法術工作提供助力，並在查閱曆表以追蹤星象移動時比較輕鬆。

印記（Sigils）——這是為了維持特定意念或意義而創造出來的獨特符號，可藉由在某物品上刻畫、繪製、縫繡此類符號，而使該物品蘊含對應的能量。本法術書將會教你製作幾種量身訂做的印記，用來支持自己的魔法修習。

繩結（Knots）——法術工作裡面的繩結常象徵連結、保護、束縛的意思。

♦ 色彩 ♦

在巫術當中，不同的顏色具有不同的意義，而本書所載的許多法術會使用符合特定意念的對應顏色。以下是顏色與其對應關聯的列表。

白——淨化、保護、真實、純真、療癒，還有清晰的靈視。

黑——負面性質、反轉、驅逐、保護、寬恕、悲傷，還有離開某個關係。

棕——不確定性、落實、保護、想法，還有尋找失物。

灰——中性、使情緒穩定下來、隱形與妥協折衷。

紅——愛、熱情、力量、勇氣、歡愉、行動，還有決心。

橘——孕力、創造力、自愛、信心、豐盛與能量。

黃——信心、智慧、喜樂、記憶、專注、邏輯以及心智活動。

綠——金錢、幸運、孕力、療癒、生長與興盛。

藍——健康、安撫、信心、自信、真實、成功、保護與沮喪。

紫——權力、心靈能力、占測、心靈防護、夢境與記憶。

金——世俗成就、財富與賞識。

銀——占測、目標、覺醒心靈能力，還有靈視。

粉紅——愛、榮耀、戀愛、友誼、情感、信任與吸引。

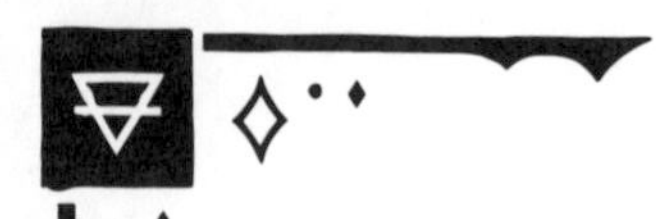

♦ 唱歌與誦詩 ♦

說話、誦詩、唱歌及唸咒等動作是用來提升某法術的能量、力量與意念。你也可以依自己的意思寫出專屬的讚詩或咒語。

在開始進行法術工作之前

在開始施展法術之前，最好要了解業力、意念、輪迴轉世與自由意志，因為這些是很重要的主題，除了能夠提升基礎，還能讓你做出明智的決定，留意自己的法術工作會有的後果。

♦ 業力與意念 ♦

我們在第 13 頁已述及業力的基本知識，然而你也要留心自身意念，還有這些意念會與業力形成何種交錯。在為自己的法術設定意念時，個人責任會是你的必修項目——請要記得，你向這世界發出的意念，終究會回來你這裡喔！

♦ 輪迴轉世 ♦

許多巫師與威卡信徒相信靈、來世與輪迴轉世是存在的，而這就是業力可能會找上門的時候，像是如果時常運氣欠佳或經歷大量的負面生命經驗，也許會被認為是前世行惡造成的後果。

♦ 自由意志 ♦

身為巫師的你持有具現改變的力量，然而無論如何都得要尊重自由意志。企圖改變他人的自由意志，可能會有相當嚴重的後果。因此當你施展的法術牽涉到他人時，請務必小心，並多加留心自己的意念。

法術的常見指示

本書的法術含有許多相同的基本指示，因此在開始講述個別法術之前，請熟悉這些常見指示並了解其意義。

清理你的祭壇或法術工作空間——本書的法術幾乎都是以此為第一步驟，係指實際打掃、清理你的空間，還有清除舊有能量。你可以用自身能量、掃帚、燃香或水晶來淨化自己的空間。

淨化你的工具與材料——就絕大多數法術而言，你在開始進行之前都需要淨化工具與材料。淨化物品有幾種方式：拿它去過燃香的煙、用掃帚在其上揮掃，或是用水沖洗。這步驟會有一些經驗法則，像是別用水淨化那些會因沾溼而損傷的物品，例如金屬飾品、木頭及某些水晶礦石。還有，如果你待在空氣不甚流通的地方，那麼就別用燃香來淨化物品。本書的法術，除非有非常特定的需求，不然不會特別指示淨化物品的方式，因此你大多可以自行判斷要怎麼做。

為水充能——本書在第二部分所列的一些法術，會使用經過滿月充能的水。而將水進行充能的方式，即在滿月時，把水盛於碗中，拿到能夠照到月亮的地方靜置一晚即可。這樣的作法能讓月亮的能量傳進水裡，使水充滿能量。

為水晶充能（或補充能量）——你可將水晶拿去吸收滿月的月光來為它充能。不過如果你實在沒有餘裕等待滿月的話，可以將它握在手上用自己的能量為它充能，但請注意別過度使用自己的能量。

為已完成的物品補充能量——若你之前有在法術中製作物品，而現在想要為那物品補充能量的話，只要重複操作那項法術即可。例如你原先按某項法術的指示而做出附法墜飾，那麼只要重複執行那法術，就能為其補充能量。為這些附法物品補充能量，可以幫助它們保持自己的魔法性質。

膏抹（anoint）某物品——係指用油塗抹揉搓（rub）某物品。

占見（Scrying）、水見（water scrying）、火見（fire scrying）或凝觀（gazing）——占見係指深深望進某物質，用它來看見未來。而本書的法術，常有要你望進火堆、燭火、碗裡的水、燃香的煙霧或水晶球的時候喔！

運用魔杖——魔杖能夠協助你指引、聚焦能量。使用時，將魔杖牢牢握住，把它當成手的延伸。當你在形塑意念、創造能量障壁或啟動水晶陣的時候，就用它來指引、傳導自身能量。

將自身意念灌入（imbue）物品——如要將自身意念灌入某物品，就將它握在手上，然後閉眼觀想自己的欲求。你的一些個人能量會在過程中轉給該物品。你所進行的法術將藉由你的意念、能量與欲求而具現其結果。

第二部

THE 法術 Spells

當我們施展法術時，通常是期待自己在個人生命當中創造出改變。然而我們得要學會敏銳覺察自己放進法術的能量與意念。施展具有不良意圖的法術，或是趁情緒高亢或不穩的時候習修魔法，都是施法新手常犯的錯誤，然而這樣的作法可能會導致嚴重的後果。

當你注意到自己的情緒逐漸失控時，請把個人能量投注在愛自己的法術（參見第 47 頁），讓自身感受留在可以控管的範圍之內。這法術能幫助你重新掌握沉著鎮靜的感覺，且過程也不會傷及他人。

最後要說的是，請務必以心思縝密、合乎情理與謹慎小心的態度來面對施法這件事。記住，自身意念力量要怎麼用，都是由自己來決定的喔！

第3章
浪漫情愛
LOVE

吸引或尋找愛，算是常見的施法項目。不過，它還是有風險的，亦即若你沒有小心留意的話，也許會在無意間違背宇宙法則。在操作這些法術時，請務必在是非分際做出充分知情的決定。這一章的魔法能讓你在個人生活中吸引、增加、尋找、贏取及激發愛。

玫瑰吸引魔藥

這帖魔藥適合用來吸引潛在的新追求者或愛慕者，讓他們出現在你的生活當中。它所用到的藥草與工具都頗容易取得，說不定你家裡早已備有這些事物。由於玫瑰對應愛，因此是施行這法術最理想的花。

進行法術的適合時機：
週五或上弦月期間

施法所需時間：
15分鐘

進行法術的適合地點：
廚房

材料與工具：
小鍋
1杯水
1茶匙乾燥玫瑰花瓣
1茶匙乾燥洛神花瓣
1茶匙乾燥薰衣草花
1小撮肉桂粉
可用於飲品的濾杯或細紗濾布

一、清理你的廚房。
二、用小鍋煮水，並在等水煮沸的時候設定自己的意念。
三、將整鍋沸水移離火源。把玫瑰花瓣、洛神花、薰衣草花及肉桂粉逐一放進鍋裡，並趁這時候唸誦**「充入、灌入、傳入、進入」**四遍。
四、一邊緩慢攪拌混合物，一邊觀想吸引的能量包攏鍋內藥草，然後讓整鍋魔藥靜置浸泡10分鐘。
五、將魔藥過濾到杯子裡享用。

愛自己的魔法澡浴

澡浴魔法適合用在清除舊有能量，還有容許新的滋養能量生根萌芽的時候。這法術十分適合用來幫助你在生理、心智、情緒、心理與靈性等面向上更加愛自己。

進行法術的適合時機：

週一、週五，或滿月期間

施法所需時間：

30分鐘

進行法術的適合地點：

浴室

材料與工具：

1杯瀉鹽

3滴茉莉精油

3滴玫瑰精油

打火機或火柴

粉紅色柱狀蠟燭

粉晶

一、清理你的浴室。

二、將溫水或熱水注入浴缸。

三、將瀉鹽、茉莉精油與玫瑰精油加入水中。

四、在等待浴缸注水的時候，點燃蠟燭並放在附近的安全位置。

五、用慣用手握住粉晶，進入浴缸浸浴20分鐘。專注在你珍愛的自身特質。感受浴缸的水正把愛與療癒能量傳入自己的身體與粉晶。

六、浸浴20分鐘之後，將浴缸的水放掉並吹熄蠟燭。

七、每當你需要給自己多一點愛的時候，就點燃那根在法術中使用的蠟燭並握住那顆粉晶。

「放下舊愛」法術

這個法術能協助你放下過往戀情，而滿月過後到朔月之前的月亮漸虧期間是施展此法的理想時機。

進行法術的適合時機：
下弦月期間

施法所需時間：
15分鐘

進行法術的適合地點：
祭壇

材料與工具：
3滴丁香精油
1湯匙橄欖油
小碟子
黑色柱狀蠟燭
打火機或火柴
紙與筆
大碗
小碗
水，大約半杯

一、清理你的祭壇。

二、在小碟上混合丁香精油與橄欖油。用你的手指將混合的油膏抹上黑色蠟燭，注意別讓燭芯沾到油。

三、點燃膏抹過的黑色蠟燭，並專注在**「斷開自己與舊愛的連結」**之意念上。

四、對於那些已不再適合自己的感受，在紙上寫下告別它們的訊息，然後把那張紙放到大碗裡面。

五、將水倒入小碗，然後雙手在小碗中用水滌除傷痛、憤怒與怨恨。

六、用手從小碗舀出一點水，灑在那張寫有訊息的紙上，以強力實行你的告別。

七、將那張紙揉成一團丟掉，使它從此離開你的生命。

八、每當你感覺到舊有感受回來的時候，就點燃那根已經過膏抹的蠟燭。

量身訂做的愛情印記

量身訂做愛情印記，是非常有趣的創作過程喔！這印記適合用在想讓你的心儀對象多加注意自己的時候，也是彰顯自身真實感受的理想方法。

進行法術的適合時機：
週五或新月期間

進行法術的適合地點：
祭壇

施法所需時間：
10分鐘

材料與工具：
2張紙
紅筆

一、清理你的祭壇。
二、拿一張紙，用紅筆寫下你與心儀對象的名字。
三、將這些名字拆解成基本筆畫，像是彎、點、橫及豎等等。把這些筆畫寫在那張紙上名字的下方。（如果使用中文名字的話，除了拆成筆畫之外也許可以試著拆成基本部首與其他筆畫簡單的字，用來進行下一步驟。）
四、在同一張紙上，將那些筆畫組成某個形狀的輪廓，它可以是正方形、心形、十字架或三角形。然後將其他沒有放進去的筆畫，像是圓、弧與橫線，沿著輪廓線條放置或圍繞那個形狀。這整個圖形就是你的愛情印記。
五、用第二張紙重新繪製那藏有自身意念的愛情印記並隨身攜帶。

將愛恢復的繩結法術

你後悔跟心愛的人大吵一架嗎？你想要把你們的戀情恢復到一開始的時候嗎？若想把親密關係的能量恢復到愛情還是純粹、新鮮的時候，那麼這個法術就很適合。

進行法術的適合時機：

週一或新月期間

施法所需時間：

45到60分鐘

進行法術的適合地點：

祭壇

材料與工具：

慾望燃香（第59頁）或正向燃香（第214頁）

碳餅與不燃材質的碟子（視需要）

3顆紅色茶燭

打火機或火柴

2條長12吋（30.5公分）的細繩，顏色須不一樣

一、清理你的祭壇。

二、焚燒你準備的慾望或正向燃香。如果你的燃香係由散料混合而成，就要使用碳餅並在不燃材質的碟子上焚燒。將茶燭排成三角形。

三、點燃茶燭，專注在將愛恢復的意念上。

四、將兩條細繩一起握住，先在一端打個單結，同時說「愛之繩結，甦醒逝愛」。

五、然後再打第二個結，並說「愛之繩結，帶回歡樂」。

六、再打第三個結，並說「愛之繩結，傷痛得癒」。

七、最後打上第四個結，並說「愛之繩結，復歸情緣，改寫故事」。

八、接下來的45至60分鐘，讓茶燭繼續燃燒，同時觀想自己欲求的愛得到恢復。

「心痛焚化」法術

這法術是用火元素將心痛的感受焚燒殆盡，會用到照片與已知具有療癒性質的香蜂草。此法將幫助你從分手的情緒傷痛中恢復過來。

進行法術的適合時機：

週一或朔月期間

施法所需時間：

30到45分鐘

進行法術的適合地點：

祭壇或戶外的火坑

材料與工具：

戶外的火坑（若在戶外）

不燃材質的碗（若於室內祭壇）

打火機或火柴

2張相片，一張是你自己，另一張是令你心痛的分手對象

1小把乾燥香蜂草

海鹽（視需要）

一、清理你的祭壇或戶外的火坑。

二、若是在室內行使此法，先用打火機點燃每張相片的邊緣，再放進不燃材質的碗裡。若是在戶外施作，也可以選擇將相片逐一投進火坑的明火。在照片燃燒的過程，說出以下話語：

「吾以相片，緩解難過；吾以火焰，焚化悲哀；
吾以灰燼，移除傷痛。」

三、當兩張照片都已燒完時，將香蜂草投進碗裡或明火中。

四、還可以這麼做：收集一些殘留在火坑的灰燼，然後加入海鹽並充分混合，製成不可食用但效力強大的黑鹽（black salt），日後如有驅除負面情緒的需要，將它或丟或撒在自身周圍即可。

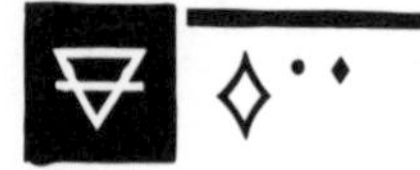

「心碎療復」護符

這項法術將教你創造一個協助自己從傷心中恢復的護符。而這個護符在使用時需一直戴在身上。法術配方有用到卡宴辣椒，這款香料能在分手及傷心時提供支持。

進行法術的適合時機：
週一或朔月期間

施法所需時間：
15分鐘

進行法術的適合地點：
祭壇

材料與工具：
1小撮卡宴辣椒
黑色或白色獻願蠟燭或柱狀蠟燭
打火機或火柴
項鍊

一、清理你的祭壇。

二、將卡宴辣椒撒在蠟燭頂端為其祝福。

三、點燃蠟燭並觀想它的復原性質。

四、拿著項鍊過蠟燭的煙氣，同時說出以下話語：

「癒之項鍊，在吾為汝灌入能量與感受的同時，
請填滿吾心傷碎的空虛，並支持吾創造新的開始。」

五、讓你的力量滲入項鍊，使它有運作的能量。

六、每幾個月重複進行此法一次，為項鍊持續充能。此法使用的蠟燭可以留到下次繼續使用。

「忠實之戒」護符

這項法術可為用於承諾的戒指（commitment ring）賦予力量，提振你與伴侶之間的信任。雖然此法應當用在婚戒上，但也可以用在任何飾品上。

進行法術的適合時機：
春分、夏至，或上弦月期間

施法所需時間：
15分鐘

進行法術的適合地點：
祭壇

材料與工具：
1湯匙基底油
2個大盤子
粉紅色柱狀蠟燭
1茶匙乾燥羅勒
1茶匙乾燥甘草根（licorice root）
打火機或火柴
1件屬於你的飾品
1件屬於你伴侶的飾品

一、清理你的祭壇。
二、將基底油倒在一個大盤子上。
三、將蠟燭平放在裝油的盤子，將它前後滾動。
四、為沾油的蠟燭撒上羅勒及甘草根，直到蠟燭的每一面都沾有薄薄一層藥草。請專心把自己的意念送進蠟燭裡面。
五、將經過膏抹的蠟燭立在另一個大盤子上並點燃。
六、將兩件飾品過蠟燭的煙氣，注意別太靠近燭火。
七、專注地將信任、承諾、忠誠與奉獻的想法灌入每件飾品。
八、將飾品靜置降溫。請佩戴飾品，並且每一至三個月重複施展此法為飾品充能。

「向我走來」魔油

你可以將此油擦在皮膚上，以散發出吸引愛的能量與頻率，或是用來膏抹蠟燭、布偶或護符。如果你的皮膚比較敏感，最好先在皮膚上做小範圍的測試。本油品的效力大約可維持八個月，之後就要重新製作。

進行法術的適合時機：

週五或滿月期間

施法所需時間：

20分鐘

進行法術的適合地點：

祭壇

材料與工具：

2湯匙基底油，像是杏仁油或荷荷芭油

小的棕色玻璃滾珠瓶或滴管瓶

2滴玫瑰精油

2滴雪松精油

2滴薰衣草精油

2滴香草（vanilla）精油

1小撮柳橙皮

一、清理你的祭壇。

二、將基底油倒進棕色玻璃瓶。

三、將玫瑰、雪松、薰衣草與香草精油逐一加入瓶中，並同時說「向我走來」。

四、將柳橙皮加入瓶中。

五、雙手握住玻璃瓶，想像眾多能量正包攏它，並將你的意念填充進去。

黃水晶預見魔藥

這款茶魔藥能在占卜愛情及預見未來伴侶的靈視提供協助，也能為你的黃水晶充能。而黃水晶能提供的協助就是刺激你的心智以強化預見的靈視。

進行法術的適合時機：
週五或新月期間

施法所需時間：
15到20分鐘

進行法術的適合地點：
廚房

材料與工具：
小鍋
1杯水
1茶匙乾燥玫瑰花瓣
1茶匙乾燥洋甘菊
½茶匙乾燥艾草
½茶匙乾燥香蜂草
黃水晶
濾杯或細紗濾布
用於飲茶的杯子

一、清理你的廚房。

二、用小鍋將水煮滾後，拿離熱源。

三、將玫瑰花瓣、洋甘菊、艾草與香蜂草逐一加入鍋中。

四、雙手握著黃水晶，並同時說：

「藉這些藥草，吾擴大視野並發現隱藏事物。
藉這款茶飲，吾得以看清黃水晶所揭靈視。」

五、一邊緩慢攪拌魔藥，一邊觀想強化視野的能量包攏黃水晶。讓那些藥草材料繼續浸泡10分鐘。

六、將茶湯過濾到杯子並飲用。在喝的時候，仍要握著那顆已經充能的黃水晶。

戀人複合符文

你可以藉由此法做出的複合符文（符文相關資訊請參考第 36 頁）來維護或吸引一段充滿愛的親密關係。複合符文是用兩個或多個符文所組成的單一圖案。這法術會需要你事先找一顆自己感覺有緣的扁平石頭，用來放置你做出來的複合符文。

進行法術的適合時機：

週五或新月期間

施法所需時間：

15分鐘

進行法術的適合地點：

祭壇

材料與工具：

符文及其意義的清單

紙張

紅色奇異筆

事先準備的石頭，需扁平到足以書寫的程度

一、清理你的祭壇。

二、取一張紙，練習繪出兩個符文相互疊加的模樣。請選擇兩個符文，用來代表自己對於愛的意念。如果你對愛的意念是親密關係與歡樂的話，那麼「蓋伯」（Gebo）與「溫究」（Wunjo）這兩個符文非常適合，因為「蓋伯」是意謂禮物與夥伴關係的符文，而「溫究」是喜樂與歡愉的符文。

三、淨化那顆扁平石頭。

四、用手握住石頭，觀想自己的意念能量灌進石頭裡面。

五、用紅色奇異筆在石頭上書寫那個複合符文。

六、請隨身帶著這顆寫有複合符文的護符。

心上人咒袋

你可以使用這個咒袋吸引潛在的心上人哦！就是把它放在皮包或口袋，或是放在枕頭下以夢見未來的戀愛對象。為了讓咒袋發揮效果，你得把它放在靠近自己的地方。

進行法術的適合時機：
週五或新月期間

施法所需時間：
15分鐘

進行法術的適合地點：
祭壇或廚房

材料與工具：
打火機或火柴

紅色或粉紅色獻願蠟燭

邊長8英寸（約20.3公分）的紅色或粉紅色方布

2茶匙乾燥草莓

2茶匙乾燥繁縷（chickweed）

2茶匙玫瑰花瓣

2茶匙乾燥薰衣草

2根肉桂棒

粉紅拓帕石（pink topaz）或紅寶石（ruby）

心型小飾物或是「量身訂做的愛情印記」（第49頁）

紅色或粉紅色的細繩

一、清理你的祭壇或廚房空間。

二、點燃獻願蠟燭並觀想自己的意念。

三、將布鋪開。一邊放進草莓、繁縷、玫瑰花瓣、薰衣草、肉桂棒、自己擇定的晶石及小飾物，一邊說：

「吾為心上人準備草莓；為我倆情緣準備繁縷；
為吾等愛戀準備玫瑰；為我倆思慕準備薰衣草；
為吾等歡愉準備肉桂；晶石哪，招引汝心；飾物啊，滿願吾心。」

四、從布邊將方布收攏成袋，再用細繩緊緊綁住袋口，同時觀想這些材料的能量。

玫瑰花瓣魔法噴霧

你可以用這款魔法噴霧吸引追求者。你可以將它噴在自己的皮膚上或自身周圍的空間，將邀請的能量傳送出去，吸引人們過來。你也可以在自己的祭壇噴灑它，強化你在愛情魔法的意念。

進行法術的適合時機：

週一、週五，或上弦月期間

施法所需時間：

20分鐘

進行法術的適合地點：

廚房

材料與工具：

½杯蒸餾水或將自來水煮沸後放涼至室溫的開水

1個容量為6盎司（約170至178毫升）的棕色玻璃噴霧瓶

6滴玫瑰精油

一、清理你的廚房。

二、將蒸餾水倒入噴霧瓶，再加入玫瑰精油。搖晃瓶身使其混合。

三、在搖晃瓶子的時候，將你的意念——吸引戀愛對象——灌入混合液。只要你覺得有幫助，也可以嘗試用兩手一起握著噴霧瓶，想像自己的能量將它包攏起來並成為液體的一部分。

四、使用前都要搖晃瓶子，以確保水與油在使用時是混在一起的。每隔幾小時就重噴一次。

慾望燃香

慾望燃香十分適合用於提振熱情、慾望或強烈的情緒。將它用在臥房，或用於強化愛情魔法，例如本書第 50 頁的「將愛恢復的繩結法術」。此款混香應當放在碳餅上焚燒。

進行法術的適合時機：
週五，或上弦月、滿月期間

施法所需時間：
20分鐘

進行法術的適合地點：
祭壇或廚房

材料與工具：
研缽與碾杵
1湯匙乾燥茉莉花
1湯匙乾燥香蜂草
1湯匙乾燥玫瑰花瓣
1湯匙達米阿那（damiana）
1湯匙乾燥豆蔻
碳餅
不燃材質的碟子
打火機或火柴
小玻璃罐

一、清理你的祭壇或廚房空間。

二、用研缽與碾杵將準備的茉莉花、香蜂草、玫瑰花瓣、達米阿那及豆蔻輕輕搗碎與混合，只要搗成粗末即可。

三、在搗碎與混合藥草的過程中，專注在自己的意念，讓自己的能量與藥草相混。相較於磨粉器，研缽與碾杵可讓你混進多一點能量。

四、將碳餅放在不燃材質的碟子上，再將磨好的藥草末放在碳餅上。然後點燃碳餅。

五、藥草末若還有剩，就儲存在玻璃瓶，留待未來使用。

戀人酒

這款戀人酒是運用廚房巫術與附法藥草的熱飲香料酒，為你與愛人提供更加親密的機會。它會提振、具現出熱情、信任與愛，且能逐退害羞。

進行法術的適合時機：

週五、情人節或是滿月期間

施法所需時間：

30分鐘

進行法術的適合地點：

廚房

材料與工具：

1瓶紅酒

1杯白蘭地

中等尺寸的鍋子

1顆柳橙，切成片狀

3根肉桂棒

1小撮肉豆蔻

1小把大茴香

6顆丁香

2至4湯匙的糖、蜂蜜或楓糖漿

2個用於飲酒的杯子

一、清理你的廚房。

二、將紅酒與白蘭地倒入中等尺寸的鍋子，並用小火加熱10分鐘。若想去除裡面的酒精，就改成煮沸10分鐘。

三、當混合酒液在鍋中受熱的同時，說出為其祝福的話語：

「每啜一口，都會湧出熱情、信任與愛。」

四、加入柳橙片、肉桂棒、肉豆蔻、大茴香、丁香，還有選定的糖類。然後繼續開小火燉煮15分鐘。

五、將香料酒拿離火源，等它降溫後就跟你的伴侶一同享受吧！

和諧編辮法術

你有感覺到自己的親密關係需要更多的平衡與和諧嗎？關係當中有什麼開始對不準了嗎？此法運用編織魔法吸引平衡、和諧與愛，並「編在一起」。

進行法術的適合時機：

週一、週五，或新月、上弦月期間

施法所需時間：

30分鐘

進行法術的適合地點：

祭壇

材料與工具：

3顆白水晶

3顆灰色或白色茶燭

3條不同顏色的細繩或細線，長12英寸（約30.5公分）

一些紅或粉紅色澤的串珠，也可以改用你與伴侶喜愛的色調

一、清理你的祭壇。

二、在祭壇上將白水晶與茶燭排成三角形的陣。

三、點燃茶燭，專注設定自己的意念。

四、將水晶從三角陣形移出，並握在自己的手上練習觀想，直到你能看見自己與水晶正在散發的能量。從水晶汲取能量來協助自己進行這項法術。

五、將三條細繩的一端用單結綁在一起。

六、將這些細繩編成辮子，同時抱持著**「將和諧編進自己的親密關係」**的想法。

七、每編到大約 1 英寸（約 2.5 公分）的長度，就為每條細繩加上珠子，將愛、平衡與和諧聯合起來。說出以下話語：

「和諧之繩，相互纏繞；
平衡之珠，一同織入；
愛之繩辮，連心互繫。」

八、在繩辮末端打結。

九、這條繩辮可以當成手鍊配戴，或是懸掛在雙方共享的空間。

愛情七日燭法術

你需要更加強大的愛情或吸引法術嗎？在這長達七日的法術中，你每天需要挪出15分鐘專注在愛的意念。這能量每經一天都會放大一些，最後形成威力強大的愛情魔法。

進行法術的適合時機：

新月或上弦月期間

施法所需時間：

每天15分鐘，連續7天

進行法術的適合地點：

祭壇

材料與工具：

紅色或白色柱狀蠟燭

巫刃或小刀（用於雕刻，視需要而定）

「戀人複合符文」（第56頁，視需要而定）

2湯匙基底油，例如橄欖油或葵花油

2滴天竺葵精油

2滴快樂鼠尾草精油

2滴甜橙精油

小的棕色玻璃瓶，用於調合及儲存油品

盤子

研缽與碾杵，或磨粉器（如果藥草已是粉末狀就不用）

1湯匙乾燥香蜂草或檸檬馬鞭草

打火機或火柴

一、清理你的祭壇。

二、淨化蠟燭。如要強化本法威力，就用巫刃或小刀在蠟燭上刻下你的「戀人複合符文」（見第56頁）或伴侶的姓名縮寫。

三、將基底油及天竺葵、快樂鼠尾草、甜橙精油倒進棕色玻璃小瓶並混合之。在進行這過程時，專注在提升個人能量以進行法術。

四、將蠟燭放在盤上，並用混合過的油膏抹，亦即用手將混合的油從燭頂開始往燭底抹遍整根蠟燭。將剛才提升的個人能量導引至吸引愛進入自己的生命。

五、將乾燥香蜂草或檸檬馬鞭草的碎末撒遍整根蠟燭。如有需要，也可用研缽及碾杵或磨粉器將藥草打成碎末。你也可以按照自己的意思保留一些碎末，於整個施法期間重複撒上蠟燭。

六、點燃蠟燭，然後閉上眼睛、專注在自己的意念，冥想 15 分鐘。在冥想時，說出以下話語：

「奉獻之蠟，分享力量；
熱情之火，賜與威力；
情感之草，襄助勢能；
吸引之煙，授予能量。」

七、重複進行七日。

「視不見我」護符

你有吸引到某些討厭的對象嗎？是否希望某些愛慕者看不到你呢？這項法術結合保護性質的護符與隱形法術，可以遮蔽你的能量、偏移不速之人的注意力。當某位不受歡迎的追求者來到附近時，就配戴這個護符。

進行法術的適合時機：

週六或朔月期間

施法所需時間：

20分鐘

進行法術的適合地點：

祭壇

材料與工具：

1杯海鹽或黑鹽

5滴檸檬香茅精油

灰色獻願蠟燭或茶燭

小鏡子

打火機或火柴

1茶匙黑胡椒

煙晶

一、清理你的祭壇。

二、在祭壇上，用鹽做出象徵保護的小圓，專注在保護的能量。

三、將5滴檸檬香茅精油滴在蠟燭頂端，注意別沾到燭芯。

四、為了逐退那些不受歡迎的能量，將鏡子以背對你的方式放在祭壇上，整個施法過程都須保持如此。

五、點燃蠟燭，並把黑胡椒撒在燭焰上。說出以下話語：

「燭焰熾熱，保護吾免被愛慕；
黑椒爆裂，守衛吾不受注意。」

六、將煙晶握在手中，並說：

「煙晶閃耀，承汝護佑遮蔽吾。」

七、閉上眼睛，將你的能量送進煙晶，應感覺到它開始變熱。

八、將祭壇上的物品清理乾淨，丟棄蠟燭。你的煙晶至此已充飽能量，將它隨身帶著，使自己免受不必要的注意。

九、每隔幾個月就為煙晶重複充能。

愛情晶陣

水晶陣，即是將已經充滿能量的水晶按照幾何圖形來排列，用來放大你的力量。此法使用白水晶來構陣，但你可以換用任何具有愛之特質的水晶，像是粉晶、粉紅碧璽（pink tourmaline）、月光石或東菱玉。

進行法術的適合時機：
週五或滿月期間

施法所需時間：
30分鐘

進行法術的適合地點：
祭壇或有月光照耀的戶外地點

材料與工具：
紙與筆
4到8顆白水晶
魔杖或巫刃

一、清理你的祭壇或戶外施法地點。

二、用紙筆創造出自己感覺有相應的陣形圖樣。在製作愛情水晶陣時，請嘗試運用兩個符號（各自代表自己與潛在伴侶）交疊而成的圖樣。現在還不用擺水晶——那是步驟四要做的事情。

三、將那些水晶握在手中，觀想自己的能量與意念混入其中，同時說出自選的肯定語句，像是「吾為這些水晶充能，招引愛侶進入我的生命」。

四、用水晶排出你在步驟二設計的陣形。先拿一顆水晶擺在中間，然後由內而外擺置其他水晶。

五、使用魔杖或巫刃啟動水晶陣。導引你的能量，將所有水晶連結在一起，並說出以下話語：「吾連結此陣，吸引真實的親密關係進入我的生命。」

六、恢復舒適的坐姿、閉上眼睛，並用10分鐘冥想自己的意念。

七、若你還想讓水晶陣持續發揮功能，就無需撤陣。你只要每隔幾天，用自己的能量連結所有水晶並大聲說出自己的意念即可。

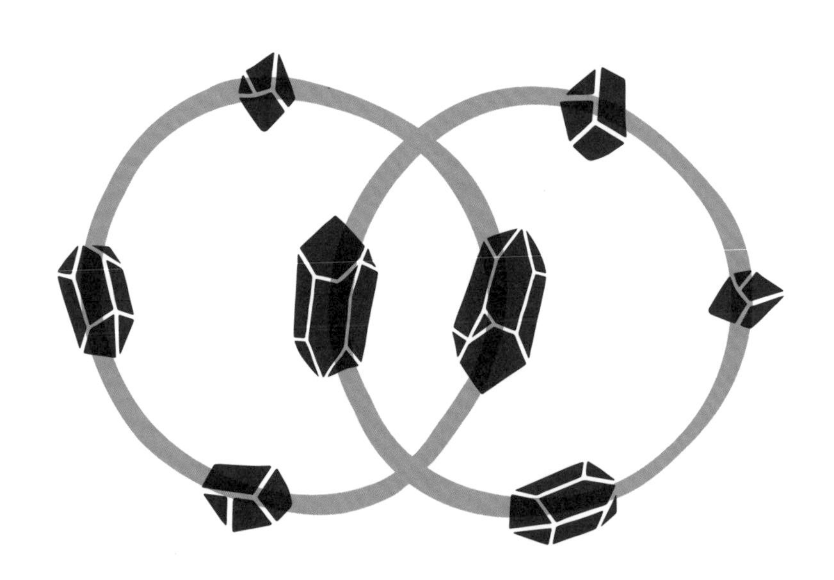

戀情邀請魔罐

在吸引或逐退各種能量方面如需長期協助，魔罐是非常棒的作法。本法所做出來的魔罐，係用於吸引更多戀情進入你的生命。你可以用白水晶替換本法用到的任何水晶，甚至全換成白水晶也可以。

進行法術的適合時機：

週五或新月期間

施法所需時間：

30分鐘，另外還需3至4小時供蠟燭燃燒

進行法術的適合地點：

祭壇

材料與工具：

紙與筆

小或中型有蓋玻璃罐

1湯匙乾燥玫瑰花瓣

1湯匙乾燥柳橙皮

1湯匙乾燥羅勒

1顆祖母綠

1顆石榴石

1顆粉晶

你想要交往的對象之照片（視需要）

打火機或火柴

4英寸（約10公分）高的紅色或粉紅色鐘頂蠟燭（chime candle）*或迷你茶燭

一、清理你的祭壇。

二、花5到10分鐘用紙筆寫下自己對於理想伴侶的描述，或是書寫一封獻給自己的情書。

三、將寫好的紙張放進玻璃罐，並專注在邀請戀情進入自身生命的意念。

＊譯註：華人對於鐘頂蠟燭並無特定稱呼，即常見於祭祀或緊急照明、頂部為鐘狀或錐狀的一般圓柱蠟燭。

四、將玫瑰花瓣、柳橙皮與羅勒放入罐中，然後加入祖母綠、石榴石與粉晶，想要的話還可加入自己想交往的對象之照片。用罐蓋把罐子封住。

五、點燃蠟燭，將它橫著拿住，讓蠟液滴在罐蓋上，直到罐蓋上面蠟液的量足夠支撐直立的蠟燭。接著把那根還在燃著的蠟燭轉正，並使勁將蠟燭底端壓向罐頂的蠟液使其立在罐頂。直到罐頂蠟液凝固到足以自行支撐蠟燭之前，都要穩穩地扶著蠟燭。

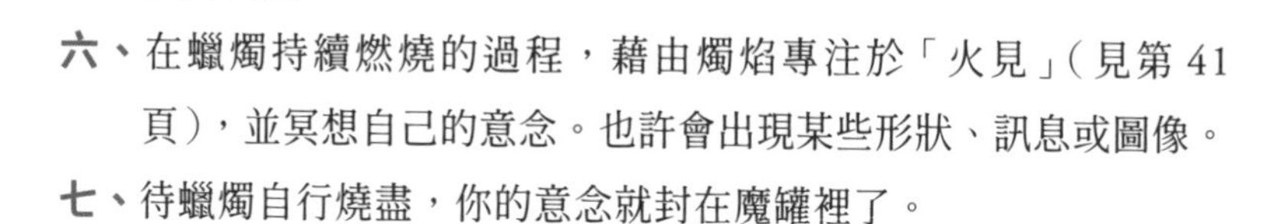

六、在蠟燭持續燃燒的過程，藉由燭焰專注於「火見」(見第 41 頁)，並冥想自己的意念。也許會出現某些形狀、訊息或圖像。

七、待蠟燭自行燒盡，你的意念就封在魔罐裡了。

關係布偶

在法術當中，布偶算是能夠讓你發揮創意的有趣方式。此法將指引你製作一對布偶或布娃娃，用於代表你本人與你的理想伴侶。請把這對布偶留置在你的祭壇上，或是用彩帶將它們繫在一起並收進盒子裡。

進行法術的適合時機：
週五或新月期間

施法所需時間：
30分鐘

進行法術的適合地點：
祭壇

材料與工具：
4片紅色（或象徵你個人的顏色）方布，每個布偶會用到2片
縫衣針
紅色縫線
聚酯纖維填充棉（Polyester fiberfill）或用於填充的棉球
鉛筆
剪刀
1茶匙乾燥洛神花
1茶匙乾燥玫瑰花瓣
1茶匙乾燥茉莉花
1茶匙乾燥柳樹皮

一、清理你的祭壇。

二、淨化方布、針線與填充物。

三、拿兩塊方布，用鉛筆在其上繪出第一個布偶的前面與背面輪廓。再用剪刀剪出形狀。

四、將剪好的兩塊布相互貼齊、反面朝外，用針線沿著布邊縫成布偶，記得留幾公分長的開口暫時不縫。然後將布偶的內面翻成外面，這樣就能隱藏縫線。

五、重複步驟三與四以縫製第二個布偶，用來象徵你的伴侶。你也可以依自己的意思將它做得比第一個布偶大一點或小一點以代表男性或女性的形象。

六、用聚酯纖維填充棉、洛神花、玫瑰花瓣、茉莉花瓣及柳樹皮來填充這兩個布偶。在加入各項材料的同時，逐一為它們充能。

七、將兩個布偶的開口縫閉，並將意念灌入這對已完成的布偶裡面。

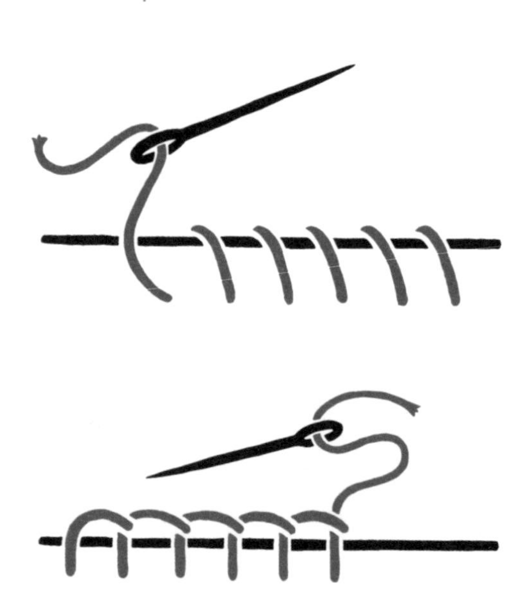

愛情占見

愛情占見能讓你連結自己的無意識心智，進而看見潛在伴侶、親密關係的影像，或是重要的訊息。紫色蠟燭能夠強化你的心靈能力與占卜過程；而紅色蠟燭可以協助愛的實現。

進行法術的適合時機：

朔月或新月期間

施法所需時間：

20分鐘

進行法術的適合地點：

祭壇

材料與工具：

打火機或火柴

紫色蠟燭

紅色蠟燭

黑碗

鉛筆

1杯已於滿月充能的水（第40頁）

紙與筆

魔杖或巫刃

一、清理你的祭壇。

二、點燃紫色蠟燭與紅色蠟燭，並專注在自己要進行愛情占見的意念。

三、放鬆地讓自己達到回歸中心且類似恍惚的狀態。

四、張開眼睛，凝觀那碗業經充能的水，容許任何傳來的訊息或影像進入你的心智。整個凝觀過程都需維持住你的意念。

五、留意色彩或形狀的呈現，或是傾聽傳來的訊息。用紙筆簡短記錄自己的見聞。

六、拿魔杖或巫刃輕點水面，這動作所產生的漣漪有助於塑造形狀，而這些形狀將能協助刺激出圖像或影像。

七、容許自己有足夠的時間去看見圖像——你越練習占見，就越容易看見那些圖像。

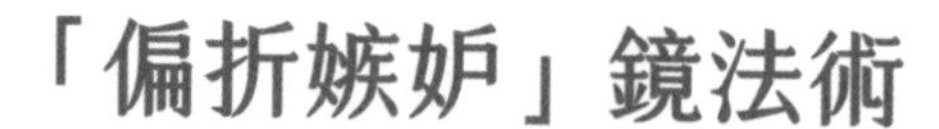

「偏折嫉妒」鏡法術

嫉妒可以是相當具有破壞性質的情緒，而鏡子則是可以暫時幫忙偏折嫉妒的理想工具。本法使用一面鏡子與一個布偶來偏折那些朝你發送的負面情緒。

進行法術的適合時機：

朔月期間

施法所需時間：

30分鐘

進行法術的適合地點：

祭壇

材料與工具：

2片方布，選用象徵你個人的顏色

縫衣針

縫線，選用象徵你個人的顏色

鏡子

你自己的小張照片

可供放置布偶與鏡子的盒子

筆

剪刀

聚酯纖維填充棉，或用於填充的棉球

1茶匙海鹽或黑鹽

1茶匙黑胡椒

1片月桂葉

1茶匙乾薑

一、清理你的祭壇。

二、淨化方布、針線、鏡子、照片與盒子。

三、在兩塊方布上用鉛筆繪出布偶的前面與背面輪廓，再用剪刀剪出形狀。

四、將剪好的布相互貼齊、反面朝外，用針線沿著布邊縫成布偶，記得留幾公分長的開口暫時不縫，然後將布偶的內面翻成外面以隱藏縫線。

五、用聚酯纖維填充棉、海鹽、黑胡椒、月桂葉、薑及相片填充布偶。

六、將布偶的開口縫閉，並將自身意念灌入做好的布偶裡面。

七、將布偶與鏡子放進盒子，並說：

「願藉此鏡，
為吾偏移、轉折那些不受歡迎的嫉妒情緒；
願以此偶，
替吾吸收、誘走那些不受歡迎的有害感受。」

八、將布偶與鏡子用盒子藏妥，然而這個盒子要放在你的附近喔！

第4章
錢財
與
&
繁盛

錢財與繁盛的法術算是現今最常施展的法術之一。本章所載的法術並不會讓你一夜致富，而是協助你改變自己對於金錢的心態、克服財務方面的障礙，還有邀請財富與興盛進入自己的生命。

金錢魔粉

此款魔粉非常適合用於改善財務境況。無論你是在家裡、在工作或是賭博，都可以將它撒在自己周圍以邀請金錢來你這裡。你也可以拿不燃材質的碟子，將碳餅放於其上焚燒金錢魔粉，藉此提升其他與興旺及金錢相關法術的能量。

進行法術的適合時機：
週四或上弦月期間

施法所需時間：
15分鐘

進行法術的適合地點：
祭壇或廚房

材料與工具：
研缽與碾杵，或是磨粉器
1湯匙乾燥洋甘菊
1湯匙肉桂
1湯匙乾燥丁香
1湯匙乾燥巴西利（parsley）
漏斗
附蓋玻璃瓶罐

一、清理你的祭壇或廚房空間。

二、用研缽與碾杵將洋甘菊、肉桂、丁香、巴西利（另名香芹）磨末，同時設立「吸引金錢進入自己生命」的特定意念。

三、在將混合物磨末的過程中，將以下話語說四遍：

「財富生長，金錢萌發。」

四、用漏斗將藥草粉末倒進玻璃瓶。

五、至此，你的魔粉已充滿能量，可供使用囉！

財富印記

量身訂做的金錢印記可以協助你吸引財富與金錢。在開始進行這項簡單法術時，你只需要想像力、意念還有書寫工具。而綠筆有助於提升你的法術效能。

進行法術的適合時機：
週日、週四，或上弦月、新月期間

材料與工具：
綠色墨水的筆
2張紙

施法所需時間：
10分鐘

進行法術的適合地點：
祭壇

一、清理你的祭壇。

二、拿一張紙，用綠筆寫下「為吾招財」(Bring me riches)，並專注在自己的意念上。

三、將字拆解成基本筆畫，像是彎、點、橫及豎等等。把這些筆畫寫在那句話的下方。(如果使用中文的話，也許可以嘗試拆成基本部首與筆畫簡單的字，用來進行下一步驟。)

四、在同一張紙上，將那些筆畫組成某個形狀的輪廓，可以是正方形、心形、十字架或三角形。然後將其他沒有放進去的筆畫，像是圓、弧與橫線，沿著輪廓線條放置或圍繞那個形狀。這整個圖形就是你的金錢印記。

五、用第二張紙重新繪製那藏有自身意念的金錢印記並隨身攜帶。

「增長金錢」魔油

想要倍增自己的錢嗎？你可以將此款調合油品擦在自己的皮膚上，幫助自己保持專注以改善經濟狀況。如果你的皮膚比較敏感，請記得先擦在一小塊皮膚上面測試看看。你也可以用此款魔油塗抹自己的蠟燭或工具，以強化其他金錢法術的威力。

進行法術的適合時機：
週四或上弦月期間

施法所需時間：
15分鐘

進行法術的適合地點：
祭壇

材料與工具：
小型棕色玻璃滾珠瓶或滴管瓶
2湯匙基底油，例如杏仁油或荷荷芭油
2滴薑精油
2滴檀香精油
1滴佛手柑精油
1滴廣藿香精油
1片月桂葉
1湯匙肉桂碎

一、清理你的祭壇。

二、將基底油倒入棕色玻璃滾珠瓶。

三、逐一加入薑、檀香、佛手柑與廣藿香精油。每加入一種精油，就唸誦一次「金錢成長，財富倍增」。

四、加入月桂葉與肉桂碎。

五、雙手握住玻璃瓶，並觀想能量包攏著瓶子。將你的意念送進瓶子裡面。

六、在每次使用之前，都需溫和搖晃瓶身，確保裡面的成分混合在一起。將此油用在個人皮膚、護符或其他物品上。

「增長財富」法術

此法會用到「增長金錢」魔油（見第 80 頁）以及一棵薄荷盆栽。薄荷在吸引金錢方面非常有用，而且用途很多，對於任何巫師來說都是值得投資的寶貝。

進行法術的適合時機：

新月期間

施法所需時間：

15分鐘

進行法術的適合地點：

祭壇或廚房

材料與工具：

薄荷盆栽

4件各自象徵四元素的物品（例如一碗水、土壤、蠟燭與掃帚）

錢幣或金錢護符

「增長金錢」魔油（第80頁）

一、清理你的祭壇或廚房空間。

二、將新的薄荷盆栽放在你的祭壇上，並用些時間為它祝聖。至於薄荷盆栽的祝聖方式，則是將它拿在那些各自代表四元素的事物上面過一過，或請求四元素協助聖化。這兩種作法都需要你表明（形諸言語或內心默想均可）為薄荷淨化、充能及祝福的欲望。

三、在第二步完成之後，用「增長金錢」魔油膏抹錢幣或護符，為其充能以利運用。

四、閉眼冥想自身意念，即意念薄荷盆栽能夠持續生長並吸引金錢。

五、你可以從那棵業經祝聖的薄荷摘取葉片，當成護符隨身攜帶，或是用於其他的金錢法術。

金錢繩結法術

藉由在此繩結法術當中所打的每一個結，你那吸引金錢的意念都會儲存並固定其中。包括羅勒、月桂、洋甘菊、肉桂、丁香、蒔蘿與薑在內的金錢藥草，都可以任意組合並當成燃香來燒。

進行法術的適合時機：

週四、滿月或上弦月期間

施法所需時間：

30分鐘

進行法術的適合地點：

祭壇

材料與工具：

打火機或火柴

金錢魔粉（第78頁）或使用任何金錢藥草複方粉末

碳餅

不燃材質的碟子

3顆綠色茶燭

1條長12英寸（約30.5公分）的綠色、金色或白色細繩

一、清理你的祭壇。

二、在不燃材質的碟子，用碳餅焚燒金錢魔粉。將茶燭排成三角形。

三、點燃茶燭，專注在自己對於「增長更多金錢」的意念。

四、在細繩上綁五個結，每綁上一個結，就說出以下對應的話語：

「一個結，術已開始；兩個結，法將實現；
三個結，術聽吾願；四個結，法威增長；
五個結，術法發動。」

五、讓茶燭繼續燃燒，同時冥想15分鐘，觀想自身欲求得到實現的模樣。

繁盛護符

這個法術將會聖化你的飾品，並賦予個人對於繁榮昌盛及財富的意念。以下的版本是用項鍊，但你可以把項鍊換成任何珠寶、水晶、礦石或墜飾。項鍊的材質若是水晶或木頭，還能加強法術效果。配戴時，請隱藏在個人衣物底下，不讓別人看見。

進行法術的適合時機：

週日或新月期間

施法所需時間：

15分鐘

進行法術的適合地點：

祭壇

材料與工具：

項鍊

1小撮乾燥薄荷

白色或綠色獻願蠟燭或柱狀蠟燭

打火機或火柴

一、清理你的祭壇。

二、淨化項鍊。

三、將乾燥薄荷撒在蠟燭頂端。

四、點燃蠟燭，專注觀想它的金錢特質。

五、拿項鍊過一過蠟燭的煙氣，並說：

「吾為此鍊賦予繁盛，
吾應隱密配戴汝，
汝當忠實服務，
為吾招來金錢與財富。」

六、讓自己的一些力量滲入該物品，為其充能以供運用。

七、你可以每隔幾個月用同一根蠟燭重複進行此法。

「驅逐困難」法術

你可藉由此法逐退自己想要擺脫的事態。本法術會要你在紙上寫下個人的困難，並用火元素驅除之。這過程可以在戶外的火坑進行；若於室內施法，則應使用不燃材質的碗。

進行法術的適合時機：
下弦月期間

施法所需時間：
20分鐘

進行法術的適合地點：
祭壇或戶外火坑

材料與工具：
紙與筆
打火機或火柴
不燃材質的碗（若於室內祭壇進行）
戶外火坑（若於戶外進行）

一、清理你的祭壇或戶外火坑所在區域。
二、用10分鐘冥想自己對於驅逐困難的意念。
三、用紙筆寫下自己將要驅逐的困難，盡你所能精確描述之。
四、在不燃材質的碗上方，將這張紙點燃放進去。如果是在戶外進行，就把這張紙丟進火坑。
五、在觀看紙張燃燒的同時，觀想自己的困難正被焚燒殆盡。
六、將灰燼撒在戶外地上，向它告別，然後專注於邁向未來。

「收入增加」月水法術

你可以用月水法術來增加收入。由於滿月是強力的能量源，所以會使此法具有很強的力道。若將黃水晶用於此法，它會提供額外的能量，從而具現出更加明顯的效果。

進行法術的適合時機：
滿月期間

施法所需時間：
15分鐘

進行法術的適合地點：
戶外，最好是月光直射的地方

材料與工具：
3枚硬幣
1/2杯水
小碗
4顆黃水晶
漏斗
小玻璃罐

一、清理戶外祭壇的空間。

二、淨化硬幣，去除陳舊或不再需要的能量。

三、朝碗裡加水。將黃水晶繞著水碗外圍排成菱形。

四、將淨化過的硬幣放入水裡，並說：

「月光閃耀，添補能量；硬幣閃亮，賜予靈感；
清水閃爍，為吾傾注。」

五、讓水晶及碗裡的水充分吸收月光的能量。然後用漏斗把水裝進玻璃罐裡。

六、黃水晶與月水的準備至此已大功告成。可以將黃水晶用於製作「繁盛護符」（見第83頁），或是直接當成護符。經過滿月充能的水，可以用於祝福那些跟植物、供獻或澡浴有關的法術。

「實現財富」米法術

在我們的生活中，總會有需要具現出一些額外錢財的時候。這個法術使用米來達到目的，因為米跟金錢及繁盛的能量有關。這法術係源自民俗魔法喔！

進行法術的適合時機：

新月或上弦月期間

施法所需時間：

15分鐘，另需12小時的乾燥時間

進行法術的適合地點：

廚房

材料與工具：

1杯未煮過的泰國香米（jasmine rice）

2個中型碗

1湯匙「收入增加」月水（第85頁）

1茶匙綠色食用色素

紙巾

¼杯用碎紙機處理過的1美元紙鈔碎屑

1湯匙肉桂

大型有蓋玻璃罐

一、清理你的廚房。

二、淨化米。

三、用一個中型碗，將米、「收入增加」月水與綠色的食用色素充分混合，此時專注在你的意念上。

四、把混合物倒在紙巾上，靜置乾燥12小時。

五、用另一個中型碗，將乾燥後的綠色米粒與1美元紙鈔碎屑及肉桂混在一起，然後將混合物倒進大玻璃罐並蓋上蓋子。

六、你可以將做好的「實現財富」米撒在自身周圍，或是直接拿一些米當成護符隨身攜帶。

「實現奢華」茶法術

處在充滿壓力的財務狀況下，為自己泡一杯茶會是相當有用的儀式。你可以藉由這杯薄荷魔茶轉換到奢華享受的情境。這款快速法術可在你想實現奢華享受的任何時候施行，只需要一點薄荷跟一些廚房常見用具就可以了。

進行法術的適合時機：

週日或新月期間

施法所需時間：

15分鐘

進行法術的適合地點：

廚房

材料與工具：

小鍋

1杯水

1湯匙乾燥薄荷或2湯匙新鮮薄荷

細紗濾布或濾杯

用於飲用的杯子

一、清理你的廚房。

二、用小鍋把水煮沸，並在過程中設定自己的意念。

三、將鍋子拿離火源。

四、若使用新鮮薄荷，就將葉片放在手掌上拍打，使其散發香氣。將薄荷加入鍋裡浸泡10分鐘，同時冥想自己的意念。

五、將茶湯濾到杯子。用手在杯上順時針移動，並說：

「此茶已成，吾獲所求，
此杯已注，吾得所望。」

六、感受那滲入茶湯的能量。請好好享用吧！

奶蜜金錢浴儀式

健康的財務狀況是從正確的心態開始做起。這項儀式澡浴能夠清除你對於金錢的焦慮與恐懼，讓健康的能量得以扎根。在進行任何金錢法術之前，可以做這項儀式以重置自己的意念與能量。

進行法術的適合時機：
週日、週四或新月期間

施法所需時間：
45分鐘

進行法術的適合地點：
浴室

材料與工具：
2杯全脂牛奶
½杯蜂蜜
大碗
打火機或火柴
白色柱狀蠟燭

一、清理浴室。

二、在浴缸放入溫水或熱水。

三、在等待浴缸注水的時候，用大碗混合牛奶與蜂蜜，專注在提振自身財務狀況的個人意念

四、點燃蠟燭並放在附近的安全位置。

五、將混合蜂蜜的牛奶倒進浴缸。

六、進入浴缸浸浴30分鐘。專注在重置自己對於金錢的心態，清除恐懼與擔憂。

七、浸浴30分鐘之後，將浴缸的水放掉並吹熄蠟燭。

八、只要覺得有需要，都能經常施行此法喔！

財富蘋果香球法術

蘋果能將財富帶入你的生命，其形式可以是財物、資產、資源、財產以及繁盛狀態。這款香球法術需時三週來運作魔法，待其完成時就是強力的魔法護符。

進行法術的適合時機：

新月期間

施法所需時間：

第一天需時20分鐘，第二天之後則每天5分鐘，持續三週

進行法術的適合地點：

祭壇

材料與工具：

打火機或火柴

綠色蠟燭

烤肉用的粗竹籤或鋼串

青蘋果

20顆丁香粒（whole clove）

1茶匙肉桂

1茶匙肉豆蔻

1茶匙薑

1茶匙多香果

1茶匙鳶尾根（orris root，視需要）

小碗

一、清理你的祭壇。

二、一邊點燃蠟燭，一邊專注在自己的意念上。

三、用粗竹籤或鋼串在蘋果上戳洞，洞要大到能放進丁香粒。

四、將丁香粒填入洞中，同時大聲說出自己想將什麼財富帶進自己的生命。

五、用小碗混合肉桂、肉豆蔻、薑、多香果與鳶尾根，然後將整碗混合物放在祭壇上。

六、接下來的三週，每天都用5分鐘，將插著丁香的蘋果放在小碗中滾動。在滾動蘋果的同時，請冥想自己的意念。這個動作會使你的蘋果逐漸乾燥（而非皺縮），你的意念也會漸漸滲入其中。

七、完成施法之後，這顆蘋果香球就留置在個人祭壇上。

「債務淨除」洗液

債務是沉重的負擔，而此款清洗魔液十分適合用來協助清除財務方面的壓力，讓你在人生旅途中邁步前進，而不是倒退。你可以用此款魔液洗手，或是拿它在窗戶畫上隱形印記。

進行法術的適合時機：

朔月期間

施法所需時間：

20分鐘

進行法術的適合地點：

祭壇或廚房

材料與工具：

1杯蒸餾水或是煮沸後放涼至室溫的開水

漏斗

大型棕色玻璃瓶

6滴佛手柑精油

3滴雪松精油

3滴廣藿香精油

一、清理你的祭壇或廚房空間。

二、將水倒進棕色玻璃瓶，加入佛手柑、雪松與廣藿香精油。搖晃瓶身使其混合。

三、一邊搖晃混合液，一邊將自己想要清除債務的意念滲入其中。只要你覺得有幫助，也可以用兩手一起握著瓶子，觀想自己的能量包攏整個瓶子，並成為混合液的一部分。

四、此款清洗魔液係於信用卡、貸款與帳單的償付、成立及刷卡前後使用。使用之前請搖晃瓶身。

繁盛牆飾

你可以運用繁盛牆飾將財富請進家門。此款牆飾使用繩結魔法以維持、放大個人藉由地元素進行吸引、磁化的意念。你可以把它掛在臥室、辦公室、住家中央或個人工作位置。

進行法術的適合時機：

週日、週四，或上弦月、新月期間

施法所需時間：

30分鐘

進行法術的適合地點：

祭壇

材料與工具：

一捆綠色或金色細繩或紗線

事先準備的12英寸長（約30.5公分）樹枝

串珠或金屬小飾物（視需要）

剪刀

3到4根新鮮羅勒嫩枝

3到4根新鮮百里香嫩枝

一、清理你的祭壇。

二、淨化繩捲、樹枝與串珠。

三、從繩捲取18至22英寸（約46至56公分）的長度剪繩，至少剪出30條。將這些細繩用牛索結（cow hitch，即雙合結，又名雀頭結 lark's head）綁在撿來的樹枝上。

四、在綁每個結的時候，都說「結眾繩，招繁盛，聚吾家」。

五、這過程需用眾多細繩的繩結把樹枝近乎完全遮住，所以也許會用到更多細繩。不過，樹枝的兩端要留出來。

六、再剪出一條細繩，長度約為樹枝長度的 1.5 倍。將這條細繩的兩端分別綁住樹枝兩端，如此就可以將你的作品掛在牆上。

七、專注在自己的意念，並將羅勒、百里香、串珠與護符（如果有準備的話）綁在那些垂墜的細繩上了。

八、每隔數個月便重複施展此法一次，為牆飾補充能量。

金錢信封時間法術

這是長期的金錢法術，係藉由向大地奉獻一枚硬幣並照顧之，使自己能得到錢財的回饋。這法術雖然需要時間與奉獻的心力，然而它能創造出實現更佳獎勵與成果的可能性。

進行法術的適合時機：

週四，或接近上弦月、滿月的期間

施法所需時間：

45分鐘

進行法術的適合地點：

祭壇或戶外區域

材料與工具：

小硬幣或美金1元紙鈔

打火機或火柴

綠色或白色茶燭或獻願蠟燭

金錢魔粉（第78頁）或「增長金錢」魔油（第80頁）

種子紙*信封，或是任何可生物分解的容器（例如硬紙蛋盒）與種子

一、清理你的祭壇或戶外空間。

二、淨化硬幣或美金1元紙鈔。

三、點燃蠟燭，專注在自己的意念，並提升自己的能量，準備膏抹硬幣或紙鈔。

四、用金錢魔粉或「增長金錢」魔油膏抹硬幣或紙鈔。

---

*譯註：種子紙（seed paper）即手工抄製時放進種子的紙張，過程需使種子保持活性。據稱此類紙張在廢棄時可以摻在土中，讓裡面的種子發芽成長，紙張則自然分解，不會對環境造成負擔。

五、將附法的硬幣或紙鈔放進種子紙信封中。如果使用硬紙蛋盒或其他可生物分解的容器，就把種子倒入其中，並把附法硬幣或紙鈔放進去。如果想推這個法術一把，你也可以按自己的意思先使種子發芽，然後再進行種植的步驟。

六、在出門之前，請熄滅蠟燭。然後在戶外找個地方種下你的金錢信封。

七、清理要種的位置。冥想自己的意念至少 10 分鐘，讓自己與大地連結。

八、在你準備妥當之後，在地上挖洞，種下你的奉獻，並同時說：

「我向大地奉獻這個硬幣與種子，以交換更加龐大的財富。」

九、照料你的奉獻，使其能夠成長。

金錢魔罐

這款魔罐十分適合用來邀請更多的金錢進入自己的人生。這是長期的法術，能讓財富在較長時間當中不斷累積。請把這瓶魔罐放在個人祭壇的上面或近處，或是放在工作的地方，讓它能發揮作用。

進行法術的適合時機：
週四或新月期間

施法所需時間：
30分鐘，另需3至4小時等待蠟燭燃燒的時間

進行法術的適合地點：
祭壇

材料與工具：

紙與筆

小或中型有蓋玻璃罐

1湯匙洋甘菊

1湯匙乾燥羅勒

1湯匙薑粉

黃水晶

黃鐵礦

白水晶

現金或金錢護符（視需要）

打火機或火柴

4英寸（約10公分）高的綠色、金色或白色鐘頂圓柱蠟燭

一、清理你的祭壇。

二、用一張紙寫信，解釋自己為何想要吸引更多金錢。

三、將信放進玻璃罐，並專注在為自己吸引更多金錢的個人意念。

四、加入洋甘菊、羅勒、薑、黃水晶、黃鐵礦與白水晶。想要的話，還可以加入現金或金錢護符。將罐子蓋妥。

五、點燃蠟燭，將它橫著拿住，讓蠟液滴在罐蓋上，直到罐蓋上面蠟液的量足夠支撐直立的蠟燭。接著把那根還在燃著的蠟燭轉正，並使勁將蠟燭底端壓向罐頂的蠟液使其立在罐頂。直到罐頂蠟液凝固到足以自行支撐蠟燭之前，都要穩穩地扶著蠟燭。

六、在蠟燭持續燃燒的過程，藉由燭焰專注於「火見」（見第 41 頁），並冥想自己的意念。也許會出現某些形狀、訊息或圖像。

七、待蠟燭自行燒盡，你的意念就封在魔罐裡了。

「實現金錢」水晶陣

金錢水晶陣能藉由充飽能量、排列成幾何圖案的水晶放大你的力量。你可以用白水晶替代任何水晶。（例如若想用紅玉髓來擺陣，但手邊只有三顆紅玉髓的話，剩下的五顆空缺可用白水晶替代。）若手邊的水晶夠多的話，可加入虎眼石與黃鐵礦。

進行法術的適合時機：

週四或上弦月期間

施法所需時間：

30分鐘

進行法術的適合地點：

祭壇

材料與工具：

紙與筆

8顆水晶，可選用黃水晶、紅玉髓、東菱玉或白水晶

魔杖或巫刃

一、清理你的祭壇。

二、用紙筆創造出感覺有相應的陣形圖樣。在製作金錢具現水晶陣時，許多人會用三個交疊的圓創作圖樣。現在還不用擺水晶——那是步驟四要做的事情。

三、將那些水晶握在手中，觀想自己的能量與意念混入其中，同時說出自選的肯定語句，像是「吾為這些水晶充能，將金錢具現到我的生命中」。

四、用水晶排出你在步驟二設計的陣形。把水晶擺在線條交疊處。

五、使用魔杖或巫刃啟動水晶陣。導引你的能量，將所有的水晶連結在一起，並說出以下話語：「吾連結此陣，吸引更多金錢進入我的生命。」

六、恢復舒適的坐姿、閉上眼睛，花10分鐘冥想自己的意念。

七、若你還想讓水晶陣持續發揮功能，就無需撤陣。你只要每隔幾天，用自己的能量連結所有水晶並大聲說出自己的意念即可。

繁盛燕麥皂

經過充能的繁盛皂用於洗澡或沐浴十分適合，並藉由這些日常活動散布財富、金錢與繁盛的意念。燕麥對於繁盛魔法非常有助益，也能為這款無毒保溼護膚皂提供額外的好處。想要送禮的話，它也是受人喜愛的禮物喔！

進行法術的適合時機：

新月期間

施法所需時間：

30至45分鐘，另需3至4小時等待皂液凝固

進行法術的適合地點：

廚房

材料與工具：

研缽與碾杵，或是磨粉器

$^{3}/_{4}$杯燕麥片

銳利的小刀

1磅甘油或牛奶皂基

大型耐熱量杯（譯註：需可以微波）

中型碗

木匙

1湯匙蜂蜜

16滴薰衣草精油

4滴佛手柑精油

1湯匙法國高嶺土（French Green Clay，為綠色的天然色素，視需要）

矽膠皂模

一、清理你的廚房空間。

二、用研缽與碾杵將燕麥片磨成細末，在磨末時專注在自己的意念。

三、將皂基切成大塊，放進耐熱的量杯中。

四、將裝在量杯裡面的皂基塊用微波爐加熱，每30秒就停下來檢視一下，直到皂基塊完全融化。絕對不要加熱到沸騰的程度。

五、用中型碗混合燕麥細末、蜂蜜、薰衣草精油及佛手柑精油。一邊攪拌，一邊將自己的能量滲進混合物，並說：

「精油、燕麥與蜂蜜，和在一起招繁盛。」

然後加入融化的皂基。想要的話，可以混入天然色素法國高嶺土為皂上色。請自由創作自己的皂，或是加入一些藥草。（藥草也許會使你的皂逐漸變黃。）

六、將混合的皂液倒入矽膠皂模，等到凝固約需3至4小時。

七、將皂從皂模取出。

金錢九日燭法術

有的時候，金錢法術會需要額外的時間來編織它們的魔法。下列的蠟燭法術雖然簡單，但能運作較長的時間。只要連續九日，每日奉獻15分鐘，這法術的威力就會隨之緩緩增長。

進行法術的適合時機：
上弦月或新月期間

施法所需時間：
連續9日，每日奉獻15分鐘

進行法術的適合地點：
祭壇

材料與工具：
1根綠色柱狀蠟燭
1根白色柱狀蠟燭
2湯匙基底油，例如橄欖油
6滴佛手柑精油
1湯匙乾燥羅勒或薄荷
打火機或火柴

一、清理你的祭壇。
二、淨化兩根蠟燭。
三、將基底油混合佛手柑精油，專注在想為自己招來錢財與豐富的個人意念。
四、將兩根蠟燭放在祭壇上，位置相隔約9英寸（約23公分）。白色蠟燭象徵你自己，綠色蠟燭象徵你正在吸引的金錢。
五、用手指沾取混合過的油，膏抹綠色蠟燭，亦即從蠟燭的頂部開始一路往下塗抹以強化吸引能量。別讓燭芯沾到油喔！
六、將羅勒或薄荷撒在綠色金錢蠟燭上以賦予能量。

七、點燃兩根蠟燭，閉上眼睛冥想自己的意念15分鐘，並說：

「財之蠟燭，向吾靠近；
錢之薄荷，織就督促；
吾今所願，如實具現。」

八、第一日的施法至此完成。

九、後續八日重複進行此法。每一日都要把綠色蠟燭往白色蠟燭移近1英寸（約2.5公分），並撒上羅勒或薄荷。九日之後兩根蠟燭就會靠在一起了。*

---

*譯註：提醒一下，如要完成9英寸的移動距離，代表第一日也應當在膏抹之後、撒羅勒或薄荷之前移近1英寸喔！

第5章
工作
與
事業

工作與事業的法術能夠緩和工作上或與同事相處時產生的壓力與負擔。這些法術並不會一夜之間給予你夢想中的工作，然而它們會幫助你建立信心、鼓舞士氣，並尋求個人實現。不論你是要出門應徵工作、成立事業，或在公司體制中努力往上爬，這些法術必定幫得上忙。

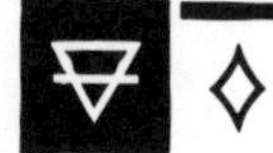

信心咒袋

當你在懷疑自己的時候，這款咒袋能協助你吸引自信。本法用到的水晶與藥草都具有建立自信的相關性質。

進行法術的適合時機：

上弦月或新月期間的週二、週四或週日

施法所需時間：

20分鐘

進行法術的適合地點：

祭壇

材料與工具：

研缽與碾杵，或是磨粉器

1湯匙乾燥百里香

1湯匙乾燥西洋蓍草花

邊長8英寸（約20公分）的橘色方布

赤鐵礦（金剛石）

石榴石

橘色細繩

一、清理你的祭壇。

二、用研缽與碾杵或磨粉器將百里香及西洋蓍草花輕輕碾碎，使其釋放香氣。

三、將碾碎的混合物倒在橘色方布上，同時專注於想要建立自信的個人意念。

四、為赤鐵礦與石榴石充能，然後放上橘色方布上，並說：

「吾藉晶石，製作創造
精力充沛的自信狀態。」

五、將布收攏成袋，再用細繩緊緊綁住，把自己的意念封入其中。

六、你的咒袋至此已承接你的意念。請隨身攜帶。

安撫魔粉

此款安撫魔粉能夠平息工作中出現的衝突。它使用具鎮定效果的晶石、驅除負向事物的鹽，以及具有快樂、放鬆性質的藥草。這款魔粉可以裝在罐中攜行，或撒在發生衝突的建築物周圍，也可以在祭壇旁邊，用放在不燃材質碟子上的碳餅來燒魔粉。

進行法術的適合時機：

週五或新月期間

施法所需時間：

15分鐘

進行法術的適合地點：

祭壇或廚房

材料與工具：

1湯匙乾燥薰衣草

1湯匙乾燥聖約翰草

1湯匙乾燥繡線菊（meadowsweet）

研缽與碾杵，或是磨粉器

1湯匙海鹽或黑鹽

漏斗

有附蓋子的玻璃罐

一、清理你的祭壇或廚房空間。

二、在研缽或磨粉器放入薰衣草、聖約翰草與繡線菊，同時專注於自己的意念。

三、在將藥草磨末的過程中，將以下話語說三遍：

「平息、鎮定、安撫、消除。」

四、將鹽撒入藥草末中並充分混合。

五、用漏斗將藥草粉末倒進玻璃瓶。

六、你的魔粉至此已充滿能量，可以使用囉！

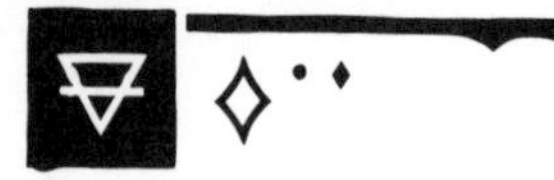

個人實現占見

你正在尋求個人實現(fulfillment)嗎？如要連結自己的無意識心智以看見相關圖像或接受訊息，個人實現占見是很棒的方法。此款法術會用到經過滿月充能的水、一根用於強化自身心靈能力的蠟燭，還有一根用於個人實現的蠟燭。

進行法術的適合時機：
朔月或新月期間

施法所需時間：
25分鐘

進行法術的適合地點：
祭壇

材料與工具：
黑碗，裝有經過滿月充能的水(第40頁)
紫色蠟燭
黃色獻願蠟燭或柱狀蠟燭
打火機或火柴
紙與筆
魔杖或巫刃

一、清理你的祭壇。

二、將那碗水放在個人祭壇中央，兩根蠟燭則分別放在它的左邊與右邊。

三、點燃蠟燭，專注在自己想要占見個人實現的意念。

四、冥想10分鐘，放鬆地讓自己達到回歸中心且類似恍惚的狀態。

五、張開眼睛，凝觀那碗業經充能的水，容許任何傳來的訊息或影像進入你的心智。說出以下話語：

「未明之事、預見之勢，向吾顯現吧！」

六、留意色彩或形狀的呈現，或是傾聽傳來的訊息，並用紙筆簡要記錄。

七、拿魔杖或巫刃輕點水面，這動作所產生的漣漪有助於塑造形狀，而這些形狀將能協助刺激出圖像或影像。容許自己有足夠的時間去看見圖像——你越練習占見，就越容易看見那些圖像。

離開魔油

你想要離開某個專案或辭掉某個工作嗎？這款法術會在你需要做出這些看似可怖的決定時推你一把。你將會做出混有藥草的調合油品，其中摻有你的個人意念。

進行法術的適合時機：

週二、週三或週四

施法所需時間：

15分鐘

進行法術的適合地點：

祭壇

材料與工具：

2湯匙基底油，像是杏仁油或橄欖油

小的棕色玻璃滾珠瓶或滴管瓶

2滴迷迭香精油

2滴豆蔻精油

1滴白冷杉（white fir）精油（學名 *Abies alba*，另名銀冷杉、歐洲冷杉）

1滴雲杉（spruce）精油

1茶匙乾燥百里香

1茶匙乾燥西洋蓍草花

一、清理你的祭壇。

二、將基底油倒進滾珠瓶或滴管瓶。

三、將迷迭香、豆蔻、白冷杉與雲杉精油逐一加入瓶中，並同時說：

「糾結緊張，解開消散；重大抉擇，吾下決心。」

四、將百里香與西洋蓍草花加入瓶中。

五、雙手握住玻璃瓶，想像眾多能量正包攏著它，並將你的意念填充進去。

六、使用前需搖晃瓶身。將油擦在脈搏點、皮膚或是用它膏抹物品。

晉升夢法術

別讓自己一直卡在同樣的職位而錯過晉升的機會。這款夢法術可以創造出特別的小包，用來放在枕頭底下，趁你睡覺時推動你的職涯發展。如果你是縫紉新手，我會建議使用不織布，針線則改用刺繡針與繡線，而不是常見的縫衣針與縫線。

進行法術的適合時機：

週四、週日，或新月、滿月期間

施法所需時間：

15分鐘

進行法術的適合地點：

祭壇

材料與工具：

紙與筆

2片邊長5英寸（約12.7公分）的方布

縫衣針

縫線

聚酯纖維填充棉，或用於填充的棉球

1湯匙乾燥薰衣草

1湯匙乾燥迷迭香

一、清理你的祭壇。

二、在紙上用筆簡要寫出自己在工作上的欲求。

三、將兩塊布相互貼齊、反面朝外。

四、用針線沿著方布邊緣縫製以做出小包，記得留幾公分長的開口暫時不縫，這樣就能把內面翻到外面以隱藏縫線。

五、將紙片、聚酯纖維填充棉或棉球、薰衣草及迷迭香填進布偶。專注在自己的意念上。

六、將那幾公分長的的開口縫閉，把自身意念封在裡面。

七、晚上就寢之前，向這個小包提問：「我可以怎麼做以得到晉升？」然後把它放在自己的枕頭底下。答案會自行呈現在你的夢裡。

職場平安法術

職場的政治競爭有影響到你嗎？你可以施展這項簡單的法術，以放大自己想在職場創造平安的意念。這法術只需要你準備一顆石榴石、梔子花（gardenia）精油與一根灰色蠟燭。若你能在工作場所隨身攜帶經過施法的晶石，將會有最好的法術效果。

進行法術的適合時機：
週日或新月期間

施法所需時間：
15分鐘

進行法術的適合地點：
祭壇

材料與工具：
3滴梔子花精油
打火機或火柴
灰色獻願蠟燭或茶燭
石榴石

一、清理你的祭壇。

二、將梔子花精油倒在灰色蠟燭頂部，以賦予平安的能量。注意別使燭芯沾到油。

三、點燃蠟燭，將石榴石過一過蠟燭的煙氣，藉此將蠟燭與精油的象徵品質灌注到石榴石。

四、將石榴石放在自己面前，並說：

「溫柔的平安，吾呼喚汝，請前來吾等工作場所清理混亂。」

五、冥想10分鐘之後再熄滅蠟燭。

六、隨身攜帶這顆經過施法的石榴石以促進平安。

同事溝通法術

你可以施展這法術，促使自己與同事之間的溝通更加容易。此法會用到鏡子、調合油以及一根蠟燭來強化你的意念。當你想要促進更好的溝通時，就將油抹在自己的頸部。

進行法術的適合時機：

週三或下弦月期間

施法所需時間：

15分鐘

進行法術的適合地點：

祭壇

材料與工具：

打火機或火柴

黃色蠟燭

2湯匙基底油

小的棕色玻璃滴管瓶

2滴薰衣草精油

2滴鼠尾草精油

2滴胡椒薄荷精油

鏡子

一、清理你的祭壇。

二、點燃黃色蠟燭並專注在自己的意念。

三、將基底油倒進滴管瓶，並加入薰衣草、鼠尾草與胡椒薄荷精油。

四、用兩手將瓶子握住，觀想自己的能量包攏它，並用個人力量為其充能。至此，你已完成溝通魔油。

五、將三滴溝通魔油抹在自己的頸部。拿起鏡子，一邊看著自己的映影，一邊說：

「每當吾望此鏡，能使吾話更明晰。」

六、視需要重複施行。

增加活力法術

覺得自己在工作時已是精疲力竭了嗎？此法能強化並提升個人能量，使你能保持專注以完成工作上（或家中）困難、單調或耗損心力的任務。

進行法術的適合時機：
你需要多一點能量的時候

施法所需時間：
20分鐘

進行法術的適合地點：
祭壇

材料與工具：
筆與紙
剪刀
不燃材質的碗或鍋
½湯匙乾薑
½湯匙肉桂
小玻璃罐

一、清理你的祭壇。
二、在一張紙上寫下自己想要完成的任務。
三、閉上眼睛，專注在提升自己的能量。
四、將那張紙剪成細屑，並丟進不燃材質的碗裡。
五、將乾薑與肉桂撒進碗裡，並說：

「香料啊，強化吾願並賦予力量。」

六、點燃一根火柴，將它丟進碗裡，並說：

「能量啊，持續累積到火滅為止。」

七、等火自行燒完，把灰燼放進玻璃罐中。每當你需要多一點能量的時候，就把灰燼撒在自身周遭。

記憶法術

是否有太多要記住的事情呢？以下的簡單法術，施展只要5分鐘，就能幫助你保留或憶起重要的細節、想法或是正在處理的任務。

進行法術的適合時機：

任何時候

施法所需時間：

5分鐘

進行法術的適合地點：

在工作的地方

材料與工具：

水晶

筆

一、將水晶拿去滿月的月光下填充能量。如果實在沒時間等待滿月，就握住水晶來為其充能（亦即運用個人能量為水晶充能）。

二、將筆淨化。閉上眼睛觀想白光。

三、將水晶握在左手，筆拿在右手。

四、觀想自身能量不斷脈動、不停成長，直到你可以移動它。請汲取水晶的能量來協助自己。

五、將你的能量包攏著筆，專注在自己**「記住、憶起」**的意念。

六、經過幾分鐘之後，你應當感覺到手上的筆傳來炙熱的感覺，代表能量已經傳遞過去。

七、你的筆至此已充飽能量，等著你在需要記住或憶起某任務或細節的時候來用。

「對抗拖延」魔油

你是否太常出現拖延的情況呢？如果是的話，這款簡單的「對抗拖延」魔油會非常有用。你可以把它抹在脈搏點、加在精油擴香器，或用於膏抹自己在工作時會用到的工具，使自己在工作時能保持專注、避免拖延。

進行法術的適合時機：
週三或上弦月期間

施法所需時間：
15分鐘

進行法術的適合地點：
祭壇

材料與工具：
2湯匙基底油，例如橄欖油或杏仁油
小的棕色玻璃滾珠瓶或滴管瓶
2滴葡萄柚精油
2滴胡椒薄荷精油
1滴檸檬精油
1滴迷迭香精油

一、清理你的祭壇。
二、將基底油倒進棕色滾珠瓶。
三、逐一加入葡萄柚、胡椒薄荷、檸檬與迷迭香精油。在加入每一種精油的同時都說：

「趕走拖延。」

四、用兩手將瓶子握住，觀想能量包攏它。將你的意念充進去。
五、當你使用這款油時，專注在連結自己的意念。

創意印記蠟燭魔法

你目前遇到創意的撞牆期嗎？你的專案如需持續不斷的創意，那麼這項法術將十分合用，它能協助你釋放想像力，使其旺盛。此法會用到橘色蠟燭，因橘色是象徵創意與能量的顏色。

進行法術的適合時機：

上弦月期間

施法所需時間：

30分鐘

進行法術的適合地點：

祭壇

材料與工具：

筆

2張紙

小刀或奇異筆

橘色蠟燭

1茶匙黑胡椒

1湯匙柳橙皮

打火機與火柴

一、清理你的祭壇。

二、在第一張紙上寫下「creativity」(創意)這個詞。

三、將字拆解成基本筆畫，像是彎、點、橫及豎等等。把這些筆畫寫在這個詞的下方。然後在同一張紙上，將那些筆畫組成某個形狀的輪廓，可以是正方形、心形、十字架或三角形。再把其他沒放進去的筆畫，像是圓、弧與橫線，沿著輪廓線條放置或圍繞那個形狀。這整個圖形就是你的創意印記。(如果使用中文的話，也許可以嘗試拆成基本部首與筆畫簡單的字，用來進行下一步驟。)

四、在蠟燭上用刀刻畫或用奇異筆描繪印記。

五、將你想有更多創意的專案或任務寫在第二張紙上，並在寫的時候把自己的能量放進去。把這張紙放在橘色蠟燭底下，並撒上柳橙皮與搗碎的黑胡椒。

六、點燃蠟燭，讓蠟液自行滴落在紙上，為其賦予能量。冥想至少 10 分鐘，觀想自己正在開啟通往創意的大門。日後無論何時想要多一點創意，就將蠟燭點燃。

機會布偶

此款機會法術係藉由鑰匙與布偶的協助，為你吸引潛在的工作、機會或職缺。這裡的鑰匙象徵機會，而布偶代表你自己。

進行法術的適合時機：

週日或新月、滿月期間

施法所需時間：

30分鐘

進行法術的適合地點：

祭壇

材料與工具：

2片橘色或黃色方布

鑰匙小飾物（key charm）*

橘色或黃色縫線

聚酯纖維填充棉或用於填充的棉球

鉛筆

剪刀

縫衣針

1茶匙乾燥洋甘菊

1茶匙乾燥薄荷

1茶匙乾燥馬鞭草

彩帶或細繩

一、清理你的祭壇。

二、淨化方布、小飾物、針線與填充物。

三、在方布上繪出布偶的前面與背面輪廓，再用剪刀剪出形狀。

---

*譯註：這是指鑰匙形狀的工藝飾品材料，不是真的鑰匙。

四、將剪好的兩片布相互貼齊、反面朝外，用針線沿著布邊縫製布偶，留幾公分長的開口暫時不縫。然後將布偶的內面翻成外面以隱藏縫線。

五、用聚酯纖維填充棉、洋甘菊、薄荷及馬鞭草來填充布偶。

六、將布偶的開口縫閉，把自己的意念封在裡面。將意念灌入已完成的布偶。

七、把鑰匙小飾物放在布偶上，用彩帶或細繩把它們綁在一起。在綁的時候說：

「吾將此偶連結此鑰，為吾招來機會。」

八、請把鑰匙持續綁在布偶上，這樣做會為你招來機會喔！

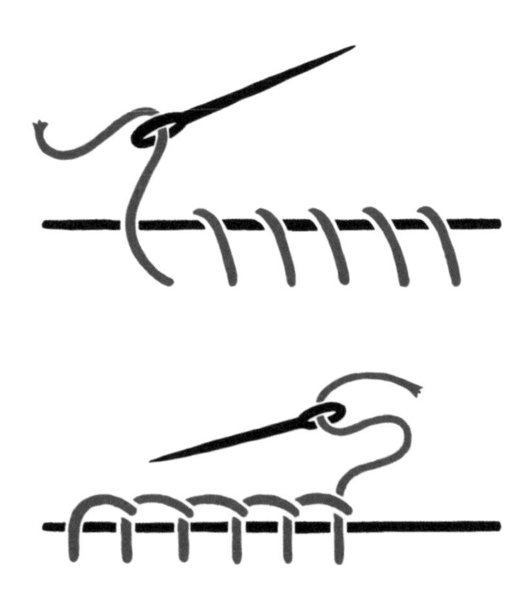

「增進產力」法術

有時，你只需要多那臨門一腳就能成功，而這個促進產力的法術能夠幫助你平衡個人生活的所有面向，使你在工作表現及家庭生活均能擁有充分的注意力。當你要做的事情實在太多時，這法術能幫助你從那團混亂中整理出一條可行之路。

進行法術的適合時機：
週三或下弦月期間

施法所需時間：
15分鐘

進行法術的適合地點：
祭壇或廚房

材料與工具：
小碗
2湯匙水，最好已經過滿月充能（第40頁）
1/2茶匙黃色食物色素
小型有蓋玻璃罐
2湯匙深色玉米糖漿（dark corn syrup）
2湯匙植物油

一、清理你的祭壇或廚房空間。

二、淨化你的工具與材料。

三、用小碗混合經過滿月充能的水及黃色食物色素。專注在將增加生產力的個人意念送進水裡。

四、將玉米糖漿倒進玻璃罐，專注在為自己的法術奠定基礎。

五、小心地把染黃的水倒入罐中，以做出第二層。

六、將植物油倒入罐中，油會浮在水上而成為第三層，並同時說：

「藉吾造之液，令混亂平息。」

七、當你需要為提升自己的生產力時，就用雙手握著瓶子，旋轉裡面的液體，同時專注在自己一定要做完的事情。然後把瓶子放在你用來工作的桌子上且鄰近自己的地方。當罐內液體逐漸分層時，觀想自己在生活中的混亂分出層次，變得更有秩序。請記住每次使用前都要把玻璃罐清潔乾淨喔！

「良好印象」護符

近來有面試的機會嗎？或者你準備要跟老闆開會，想留下好印象嗎？在戴上護符的期間，這款法術將協助你向對象創造出正面的效應。

進行法術的適合時機：
週日或下弦月期間

施法所需時間：
15分鐘

進行法術的適合地點：
祭壇或戶外火坑

材料與工具：
研缽與碾杵，或磨粉器
1湯匙乾燥玫瑰花瓣
1湯匙乾燥薰衣草
1湯匙乾燥香蜂草
1湯匙柳橙皮
小玻璃罐
漏斗
碳餅（若在室內祭壇）
不燃材質的碟子（若在室內祭壇）
打火機或火柴
戶外火坑（若在戶外）
1件飾品，例如戒指或項鍊

一、清理你的祭壇。
二、用研缽與碾杵輕碾玫瑰花瓣、薰衣草、香蜂草與柳橙皮。專注在提升自己的能量及設定自己的意念。
三、用漏斗將混合物倒進玻璃罐中。

四、將碳餅放在不燃材質的碟子上。點燃碳餅，待其燒至紅亮，就拿一撮剛才混好的散料放在碳餅上讓它燃燒。如果在戶外施行此法，你可以把散料直接投進火坑的明火裡面。

五、拿起飾品過一過燃煙，並說：

「吾祝福這項鍊，為吾產生好印象。」

六、把自己覺得能創造好印象的品質灌入這飾品，請盡量精確。

七、在參與生意會議與面談時，就戴上這件已經過施法的飾品。每隔幾個月就為這件飾品重複施法。

「開路」法術

你有覺得自己卡關或受阻嗎？「開路」適合用來移除那些讓你覺得動彈不得的阻礙或停滯狀況。請用此法來推動你的想法、企畫或事業。它用到「佛羅里達礁島群澤蘭」（abre camino，學名為 *Koanophyllon villosum*，中譯取自英文俗名 Florida Keys thoroughwort）這種藥草，算是受到胡督魔法的影響。

進行法術的適合時機：

週日或下弦月期間

施法所需時間：

30分鐘

進行法術的適合地點：

浴室及廚房

材料與工具：

小鍋

1杯水

1把佛羅里達礁島群澤蘭，或使用「開路魔油」（road opener oil）

細紗濾布或濾杯

頂部有倒水口的帶柄水壺或水罐

1杯瀉鹽

打火機或火柴

灰色柱狀蠟燭

透石膏

一、清理你的浴室及廚房空間。

二、用小鍋把水煮滾。

三、將鍋移離熱源，放入佛羅里達礁島群澤蘭並浸10分鐘，然後將藥草浸液濾至水壺或水罐中。另一作法則是購買「開路魔油」，即可省略這步驟。

四、將溫水或熱水注入浴缸並加入瀉鹽。

五、在等待浴缸注水的時候，點燃蠟燭，並跟透石膏、佛羅里達礁島群澤蘭浸液一起放在附近的安全位置。

六、進入浴缸浸浴 20 分鐘。浸浴過程中專注在自己所有想要解開與推動的事物上，待佛羅里達礁島群澤蘭浸液冷卻之後，將此藥草浸液澆淋全身以幫助洗除任何障礙，同時說：

「吾以此浴，洗除混亂與障礙。」

七、在浸浴20分鐘之後，將浴缸的水放掉並吹熄蠟燭。

八、隨身攜帶那顆透石膏以療癒、平衡你的能量，還有屏除未來的阻塞與障礙。

責任法術

扛下過多責任重擔的你有需要幫忙嗎？這法術會幫忙緩解一些壓在你肩上的重量。它會用到「權杖十」（the Ten of Wands）這張塔羅牌，其象徵意義就是責任、重擔與勤奮工作。

進行法術的適合時機：
日落之前的一小時

施法所需時間：
30分鐘

進行法術的適合地點：
戶外

材料與工具：
野餐地墊或任何供人坐著的東西（視需要）
鹽或魔杖
從萊德－偉特系統的塔羅牌拿出來的「權杖十」（或將它的圖像印出來）
紙與筆

一、在戶外找個可以當成神聖空間使用的區域，為其清理。想要的話，可以鋪上野餐地墊。

二、施展保護圈，使你在冥想時能護衛自己的心智。而其作法，則是在自己的周圍灑鹽或用魔杖畫一個圓，並觀想白光沿著圓形成護衛自己的屏障。

三、坐下來，把塔羅牌「權杖十」放在你面前。

四、凝望那張牌，直到你能在腦海中觀想出它的場景。

五、閉上眼睛，讓自己放鬆掉進恍惚狀態，並進入那張牌的場景。

六、觀想那個人物。那些權杖都有拿在他手上的必要嗎？你會怎麼幫助這個人物走到目的地呢？這個人物需要幫助嗎？請思索這位人物能夠尋求幫助，或減輕手上重量的各種不同方式。

七、回到現實，寫下你可以如何處置那些屬於自己的責任或將其分派出去。然後關閉你的保護圈、清理你的神聖區域，反思自己所觀察到的事物。

動機魔罐

你有罹患「工作日憂鬱症」(the workweek blues)嗎？或者你只是需要被激發一下就可以把事情做完？這個簡單的魔罐能讓你保持正面的感受。如果想為這法術增加一點能量的話，就用第 114 頁「增加活力法術」已經充能的灰燼吧。

進行法術的適合時機：

週三或上弦月期間

施法所需時間：

25分鐘，另需2至3小時的蠟燭燃燒時間

進行法術的適合地點：

祭壇

材料與工具：

1湯匙肉桂

1湯匙海鹽

1湯匙辣椒(碎)片

1湯匙鼠尾草粉

1湯匙薑粉

1湯匙乾燥迷迭香

1湯匙肉豆蔻粉

1湯匙「增加活力法術」做出來的灰燼(第114頁，視需要)

小型或中型有蓋玻璃罐

東菱玉

打火機或火柴

4英寸(約10公分)高的鐘頂圓柱蠟燭或小型長錐蠟燭

一、清理你的祭壇。

二、專注在想要創造動機與正向能量的個人意念。

三、將肉桂、海鹽、辣椒片、鼠尾草、薑、迷迭香、肉豆蔻以及灰燼放進玻璃罐。

四、為東菱玉充能，將它放進罐中並蓋上蓋子。

五、點燃蠟燭，將它橫著拿住，讓蠟液滴在罐蓋上。

六、在蠟液滴落的同時，唸誦「動機綻現、發達與興旺」。

七、讓蠟液持續滴在罐蓋上，直到罐蓋上面蠟液的量足夠支撐直立的蠟燭。接著把那根還在燃燒的蠟燭轉正，並使勁將蠟燭底端壓向罐頂的蠟液使其立在罐頂。讓罐頂蠟液凝固到足以自行支撐蠟燭。

八、待蠟燭自行燒盡，你的意念就封在魔罐裡了。

九、在蠟燭燃燒期間，針對自己的動機為何、又該如何保持下去，進行冥想與思索。

第6章
朋友
與
家庭

就個人在社交、心智與情緒層面的健康而言，自己的家庭生活以及自己所屬社群都相當重要。你會發現本章的法術是在清理、淨化、協助與支持自己與所愛的人之間的連結，以及使這分連結更加強健。如果在修習魔法時注重魔法倫理道德，那麼你會在施法協助親戚、朋友或伴侶的過程獲得極大的好處。當在施作任何有涉及他人的法術之前，請針對自己的動機捫心自問，像是這法術會傷害任何人嗎？這法術會干涉他人的自由意志嗎？在決定是否施展法術之前，首先必須深入思索這些可能性。

新家淨化

搬進新家真是興奮，然而你也許有可能會接觸到陳舊、淤滯或負面的能量，所以為新家進行祝福對你以及一起住的人們都非常重要。請用這項淨化法術，為新家按下重置按鈕吧！

進行法術的適合時機：
週六或朔月期間

施法所需時間：
30分鐘

進行法術的適合地點：
新家的每個房間都要做

材料與工具：
打火機或火柴
煙薰棒或燃香
不燃材質的碗
掃帚或羽毛

一、先從位於你家中央的房間開始做起。
二、點燃煙薰棒，放在不燃材質的碗中。
三、進去房間，拿著碗以順時鐘方向在房間裡面繞行。讓薰煙充滿房間，並用掃帚或羽毛搧至各處。然後說：

「吾以此煙，清理住處，驅逐一切需去事物。」

四、觀想陳舊與負面的能量離開自己的家。
五、在新家的每個房間重複進行步驟三與四，順序則是先從靠近住屋中央的房間開始，然後依順時鐘方向為離住屋中央較遠的房間一一進行。
六、額外作法：將碗中殘留的灰燼收集起來，可用於保護或是驅逐類型的法術。

好夢咒袋

你可以為自己、朋友或心愛的人製作這個咒袋，它能帶來休養身心的平靜睡眠，使使用者不受惡夢或討厭的夢境打擾。這個咒袋散出平安能量及舒服香氣，會是受人喜愛的禮物呢！

進行法術的適合時機：

週四或週六

施法所需時間：

15分鐘

進行法術的適合地點：

祭壇

材料與工具：

打火機或火柴

淡藍色或白色獻願蠟燭

邊長8英寸（約20公分）的淡藍色或白色方布

細繩

2茶匙乾燥貓薄荷（catnip）

2茶匙乾燥洋甘菊

2茶匙乾燥薰衣草

2茶匙乾燥雪松葉

石榴石

一、清理你的祭壇。

二、點燃蠟燭並觀想自己想要平安與寧靜的意念。

三、將布鋪開，加入貓薄荷、洋甘菊、薰衣草、雪松葉及石榴石，同時加進自己的能量。

四、做完之後，由布邊將布收攏成袋，用細繩綁緊袋口，並說：

「夢境美又甜，醒來留安祥。」

五、睡覺時就把咒袋放在枕頭底下，用以屏除惡夢。它也可以當成送給家人或朋友的禮物。

「清除爭執」法術

你有發現自己常陷入家裡的爭吵嗎？有跟自己的至交好友起爭執嗎？衝突在所難免，然而最好的因應之道是去面對處理，而不是無視。只要藉由小小的紙片、火焰與意念，就可以清理僵化的氣氛喔！

進行法術的適合時機：
週三或朔月期間

施法所需時間：
15分鐘

進行法術的適合地點：
祭壇

材料與工具：
火柴
正向燃香（第216頁）
紙與筆
不燃材質的碗

一、清理你的祭壇。

二、點燃燃香，專注於自己的意念。

三、使用紙與筆，花至少 5 分鐘詳細寫下你們的爭執，還有你想清理雙方爭執氣氛的願望。

四、寫完之後，將紙片用燃香煙氣過三遍，一邊觀想你們的爭執正被清除，一邊說：

「煙淨紙箇，三除爭執，誤會氣氛，吾今淨除。」

五、接下來將你的紙片撕成細屑，放入不燃材質的碗中，象徵該爭論已被你丟棄，不再影響你的人生。

六、點燃火柴並丟進碗中，使紙燃燒。

「捕捉負面能量」鏡法術

你有抓到那煩擾無休的負面能量嗎？它就像蚊蟲那樣，幾乎難以避免。它的來源可以是閱讀相關新聞、面對日常難處，或是待在某些喜愛散播負面事物、到處抱怨的人們附近。這法術會用到鏡子來捕捉負面能量，保護你不受其影響。

進行法術的適合時機：

週六或下弦月期間

施法所需時間：

20分鐘

進行法術的適合地點：

祭壇

材料與工具：

折疊式化妝鏡

小碗

4茶匙海鹽

1茶匙灰燼

1茶匙黑胡椒

1茶匙卡宴辣椒

1茶匙肉桂

奇異筆

一、清理你的祭壇。

二、淨化折疊式化妝鏡。

三、用小碗混合海鹽、灰燼、黑胡椒、卡宴辣椒與肉桂，以創造出具有保護性質的黑鹽。

四、將鏡子在小碗上方打開。撒一小撮黑鹽到鏡子上*，同時說：

「保護之鏡，反射之力，為吾守護。」

五、在鏡子的背面，用奇異筆畫上五芒星圓或是創造一個「保護印記」（參見第191頁）。它將捕捉負面能量，使其遠離你。

---

* 譯註：鹽具有吸濕後會腐蝕金屬的特性，在完成魔法後，請記得處理掉沾附的黑鹽。

「促進了解」法術

嘗試從對方的觀點來看事情，能幫助你了解對方的經驗、挑戰與思路。此款連結法術將會創造出自己與對方的暫時連結，協助你了解對方並感同身受。

進行法術的適合時機：
週三、週五，或上弦月期間

施法所需時間：
20分鐘

進行法術的適合地點：
祭壇

材料與工具：
你想要共感的對象照片
打火機或火柴
白色蠟燭
綠松石

一、清理你的祭壇。
二、淨化照片，以移除陳舊或不需要的能量。
三、點燃蠟燭，把它放在照片旁邊。
四、連結綠松石的能量，用來為你的法術賦予力量。
五、觀想一道白光圍繞著照片中的指定人物。用你的能量創造出一條連結，並專注在自己想要了解對方的意念。
六、專注在這條連結 15 分鐘，或直到你覺得這條連結已經穩定，且自己能明白、了解對方為止。
七、當你完成之後，將連結切斷並吹熄蠟燭。那連結就此消失。

「中止惡意」法術

你或你所愛的人覺得自己正受到迫害嗎？可以使用這法術來驅逐那朝你或你所愛的人過來的負面能量。若要從自己的生命中移除負面或不需要的能量，驅逐類的法術會非常適合。這法術使用火元素燒燬、驅逐惡意。

進行法術的適合時機：

下弦月期間

施法所需時間：

20分鐘

進行法術的適合地點：

祭壇或戶外

材料與工具：

不燃材質的碗

紙與筆

1小撮乾燥聖約翰草

1小撮黑鹽

火柴

一、清理你的祭壇或戶外區域。

二、將你的意念寫在紙上，然後折起來放在碗中。

三、將聖約翰草與黑鹽撒在紙上。點燃火柴並丟進碗中，使裡面的東西燒起來。

四、等待碗裡面的事物自行燒盡。將灰燼撒在自宅門檻處，以保護家裡每個人不受惡意迫害。

「鞏固友誼」法術

你跟某位朋友漸行漸遠嗎？這款迷你魔瓶項鍊能夠提振朋友之間的連結，而且變得比以往還要強固。這條項鍊將會幫助你維持平靜的心智狀態，並協助你強化友誼。

進行法術的適合時機：

週日，或朔月期間

施法所需時間：

20分鐘

進行法術的適合地點：

祭壇

材料與工具：

筆

1英寸（2.5公分）見方的紙張

迷你許願瓶（又名木塞瓶、漂流瓶）

6至8粒乾燥薰衣草花

1小塊青金石碎料

1小塊紅玉髓碎料

18英寸（約45.7公分）長的飾鏈或細繩

一、清理你的祭壇。

二、在小紙片上畫上相互交纏的符號，象徵你與朋友形成的連結。

三、把紙片捲起來放進許願瓶，並說：

「吾藉此符，欲求更為堅實的連結。」

四、把薰衣草花放進許願瓶，同時說：

「友誼薰衣，重新調整，創造更加深厚、增添友誼的連結。」

五、為青金石碎料及紅玉髓碎料充能，把它們放進許願瓶，並說：

「平靜之晶、勇氣之石，進行設置，為那堅韌連結的登場揭開序幕。」

六、塞上許願瓶的軟木塞，將自己的意念封於瓶中。

七、將許願瓶固定於飾鏈或細繩上，當成項鍊隨身佩戴。

八、其他作法：你也可以創作出第二條魔瓶項鍊，當成禮物送給朋友喔！

「尊敬握石」法術

你感受到自己不受尊敬嗎？藉由簡單的能量操縱法術，你可以用經過充能的水晶翻轉形勢。身為友誼之石的青金石，是用於獲得尊敬的重要晶石。本法使用握石（palm stone）與忘憂石（worry stone）的形式，為你的情緒狀態創造出能夠促進自我價值、重視及信任的明確改變。

進行法術的適合時機：

週二、週日，或上弦月、滿月期間

施法所需時間：

20至25分鐘

進行法術的適合地點：

祭壇

材料與工具：

2朵粉紅玫瑰

2朵康乃馨

2朵牡丹

3顆茶燭，顏色為白、粉紅或黃色

3個不燃材質的碟子

打火機或火柴

青金石或白水晶握石（即手掌大大小的卵圓滾石）

一、清理你的祭壇。

二、淨化你的材料。

三、取下玫瑰、康乃馨與牡丹的花瓣。將花瓣撒遍整個祭壇。

四、在每個不燃材質的碟子上各放一顆茶燭。將碟子在祭壇上排成三角陣形，點燃蠟燭。

五、將握石拿在手中，閉上眼睛，感覺晶石的重量，並冥想自己的意念15分鐘。

六、在冥想的同時，感覺掌石的能量正隨著你放鬆、回歸中心的過程與你自己的能量相混合。

新月友誼法術

新月是嘗試新想法、擬定新目標及測試法術的理想時機，也是吸引新友誼的好時候。在此術中，你將會在紙上寫下自己的意念，並用經過處理的蠟燭來具現。

進行法術的適合時機：

新月期間

施法所需時間：

20分鐘

進行法術的適合地點：

祭壇或戶外

材料與工具：

粉紅或白色柱狀蠟燭

盤子

1湯匙基底油，例如橄欖油或葵花油

1茶匙乾燥薰衣草

1茶匙砂糖

紙與筆

不燃材質的盤子

打火機或火柴

一、清理你的祭壇。

二、將蠟燭放在盤子上。用食指沾基底油膏抹蠟燭，從燭頂開始抹，最後抹到燭底。注意別使燭芯沾到油。

三、將乾燥薰衣草與砂糖撒遍蠟燭，並專注在設定想要吸引友誼的個人意念。

四、在一張紙上寫下你希望結交的朋友應具有哪些特質。將這張紙放在不燃材質的盤子，然後再將蠟燭置於紙上。

五、點燃蠟燭。用5到10分鐘冥想自己的意念並唸誦：

「新月之輝，創造可供發展的新友誼。」

六、完成之後，務必記得熄滅蠟燭。

友誼修復繩結法術

你有感覺到某段友誼已經破裂了嗎？此法使用繩結魔法，以象徵的方式構建連向老友的橋梁。但是要記住，這項法術無法迫使你的朋友（或其他人）走上那條象徵性的橋梁。

進行法術的適合時機：

週二、週三或週五

施法所需時間：

25分鐘

進行法術的適合地點：

祭壇

材料與工具：

2條長度18英寸（約45.7公分）的線，顏色須不同

剪刀

6個小鈴噹，需具有掛鉤或掛環（這樣才能敲響它們）

2顆粉紅或白色茶燭

打火機或火柴

2張照片，你與友人各自一張

膠帶

一、清理你的祭壇。

二、將兩條線穿過第一個鈴噹的掛環，並打上單結固定鈴鐺。專注在自己的意念上。

三、重複步驟二以綁上其他鈴噹，將所有鈴噹的位置調整到間隔一致且都已綁在線上。

四、將兩顆茶燭各別放在你的左右兩邊，並點燃之。

五、將兩張照片並排放置，再用膠帶把它們黏在一起。

六、搖動串著鈴鐺的繩子三次，並說：

「藉眾鈴，逐諸恨；藉響聲，諒釋懷；藉照片，吾倆連。」

七、施法完成之後，主動向你的朋友釋出善意。這法術需每天重複進行。直到你們的連結更加鞏固之前，那貼在一起的照片都要放在自己的祭壇上。

感恩連結儀宴

如要強化人與人之間的情感連結，舉行儀式餐宴是最適合的方法。你可以邀集跟自己親近的人們一起來你家慶祝異教節慶、滿月儀式或假日。如要感謝那些在你生命中出現的人們，並榮耀彼此建立的親近關係，餐宴是最好的時機。

進行法術的適合時機：
滿月、異教節慶或假日

施法所需時間：
2至3小時

進行法術的適合地點：
廚房或餐廳

材料與工具：
大家一起分享的菜餚、食物
用於舉杯慶祝的飲料
打火機或火柴
白色獻願蠟燭或柱狀蠟燭（每位出席者都要有一根）
禮物（視情況）

一、清理你的廚房或餐廳空間。
二、準備你與賓客喜歡的餐點與愛喝的飲料。
三、為每個賓客點上一根蠟燭，逐一擺在安排好的位置上。
四、在等待客人的同時，說：

「今晚吾等在感謝中參與盛宴；
相互給予，彼此分享愛與歡笑。
願今晚吾等所做一切，全都符合所有參與者的最高益處。
就讓此願如實具現。」

五、歡迎你所愛的人們進來家裡，與他們一同慶祝。讓那些蠟燭持續燃燒，為整個空間注入你個人對於舉辦祝福連結儀宴的意念。

六、餐宴過後，將蠟燭熄滅，並把它們埋在自家後院以保存這次祝福的成果。

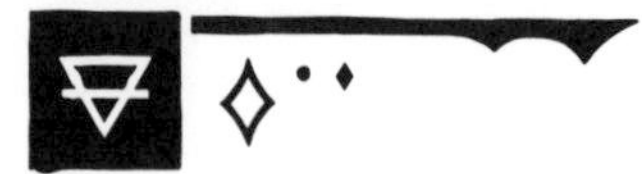

「引出好感」魔油

你現在要面對的是開學第一天，還是新的工作呢？運用「引出好感」魔油可以為你減輕焦慮、除去壓力，它能促進外界對自己的接受、認知與贊同。可將此油輕抹於皮膚上，或是用於膏抹飾品。

進行法術的適合時機：

週一、週四，或上弦月、滿月期間

施法所需時間：

20分鐘

進行法術的適合地點：

祭壇或廚房

材料與工具：

1湯匙基底油，像是荷荷芭油或杏仁油

小的棕色玻璃滾珠瓶或滴管瓶

2滴茉莉精油

2滴玫瑰精油

2滴檀香精油

1小撮乾燥玫瑰花瓣

一、清理你的祭壇。

二、將基底油倒進棕色玻璃瓶。

三、將茉莉、玫瑰以及檀香精油逐一加入瓶中，同時專注於自己的意念。

四、將一小撮乾燥玫瑰花瓣加入瓶中。

五、關緊瓶子。雙手握住玻璃瓶，觀想能量包攏著它。將你的意念填充進去。

六、花一些時間讓魔法運作，使魔油更加有力。*

七、將油輕抹在皮膚上以吸引好感。

＊譯註：意指靜置一段時間，類似釀酒越陳越香的概念。

「信任之塔」法術

心愛的人或朋友之間的信任，靠的是時間與努力的累積，它不會朝夕之間就建立起來，也不會自行具現。你可以藉由此法立起一座在背後運作的塔，使你在建立信任的過程輕鬆一點。它會用到一顆已經啟動的水晶，幫忙將你的意念與能量送進現實世界。

進行法術的適合時機：
週二或上弦月期間

施法所需時間：
30分鐘

進行法術的適合地點：
戶外

材料與工具：
蘇打石
8根事先準備的樹枝，長度需相近
魔杖或巫刃

一、在戶外找一平坦處當成祭壇空間，由於你的塔將會留置該處，所以務必確定那是比較安全的地方，例如後院或陽台。

二、清理你的戶外祭壇空間。

三、設定你的意念。為你的晶石充能，然後放在自己面前。

四、在晶石的左右兩側各放一根樹枝，並說：

「建造能夠支持的基礎。」

五、在晶石的上下兩側各放一根樹枝，均需橫過步驟四的兩根樹枝——看起來像是主題標籤的井號——並說：

「建造能夠持恆的壁壘。」

六、在晶石左右兩側各再放一根樹枝，位置同最先放置的樹枝，並說：「建造能夠成長的連結。」

七、將最後兩根樹枝各放在晶石的上下兩側，位置同步驟五，並說：「建造能夠延續的信任。」

八、至此，你應已在晶石周圍立起用樹枝構成的塔。冥想 10 分鐘，並向塔送入信任的能量。

九、只要你還想要建立信任，就讓塔持續立在那裡。

十、其他作法：每天重複進行冥想以連結信任之塔。

十一、如果塔倒了，重新再做就好。

「促進接受」護符法術

你正卡在「帚櫃」嗎？除此之外，你是否有些想跟心愛的人訴說的事情，但又害怕對方拒絕或出現負面反應呢？這款法術將會逐漸培育你的自信、驅逐焦慮，以及改善外界對於你的狀況之接受程度。

進行法術的適合時機：
週一或新月期間

施法所需時間：
15分鐘

進行法術的適合地點：
祭壇

材料與工具：
1件飾品，例如項鍊或戒指
1湯匙基底油，像是橄欖油
橘色柱狀蠟燭或獻願蠟燭
1茶匙百里香
打火機或火柴

一、清理你的祭壇。

二、淨化飾品。

三、用食指沾油膏抹蠟燭，從燭頂開始抹，最後抹到燭底。注意別使燭芯沾到油。同時說：

「吾藉此動，吸引勇氣。」

四、將食指從指向蠟燭往上移動到指向蠟燭上方，並說：

「吾藉此動，驅逐焦慮。」

五、然後再指回蠟燭，並說：

「吾藉此動，強化接受。」

六、將百里香撒在蠟燭頂端。

七、點燃蠟燭，用 5 分鐘冥想自己想要在生命中達成與具現的一切事物。將你的意念灌進蠟燭。

八、將飾品過一過蠟燭的熱氣，以灌輸你的法術所具有的性質，並說：

「吾藉此動，為此物件灌輸接受的品質。」

九、飾品至此已經完成附法。如要促進外界對自己的接受程度，就配戴它。

「招來新友」護符

你渴望有新的友誼嗎？找尋新友，有時是難事一件，而隨著年紀漸長，結交新友也許會更加困難。在這法術中，你將親手製作軟陶土（polymer clay）護符，並在過程中灌輸自己的意念。它會放大你吸引新友誼的能量。

進行法術的適合時機：

週日或新月期間

施法所需時間：

25分鐘，另有烘烤時間（視軟陶土的使用指示而定）

進行法術的適合地點：

廚房

材料與工具：

紅玉髓

烤箱

烤盤

烘焙紙

1英寸（2.5公分）立方的軟陶土，顏色為粉紅、白、黃或橘色

剪刀

軟陶專用膠（視需要）

烤肉用的粗竹籤

18英寸（約45.7公分）長的細繩或飾鏈

一、清理你的廚房空間。

二、淨化紅玉髓，然後放在一旁。

三、依據軟陶土的使用指示預熱烤箱。

四、在烤盤上鋪烘焙紙。

五、將1英寸立方的軟陶土在手中滾動，直到它變軟。將它揉成球形，然後放在烤盤上。

六、在軟陶土球上放一小張烘焙紙（避免留下指紋），用手（隔著烘焙紙）將那顆球壓扁成一塊胸墜。

七、將那一小張烘焙紙拿開，把紅玉髓壓入軟陶土中，直到軟陶土覆蓋紅玉髓的四分之一。如果你想要胸墜有著平滑的外觀，就為它塗上軟陶專用膠。

八、用粗竹籤在距離胸墜頂端0.25英寸（0.64公分）的位置戳一個洞。

九、依照軟黏土的使用指示烘烤胸墜。

十、在烘烤的過程中，冥想自己想要吸引新朋友的意念。

十一、從烤箱拿出胸墜。等它完全冷卻之後，將它繫在細繩或飾鍊上。請佩戴於頸部或隨身攜帶。

和睦繩結法術

你有感覺到自己被錯看或誤會嗎？你跟家人、朋友之間的連結搖搖欲墜嗎？藉由這款六繩平編的繩結法術，你能強化自己與朋友、家人及其他心愛對象之間的連結。

進行法術的適合時機：

週三、週五、週日，或新月期間

施法所需時間：

45分鐘

進行法術的適合地點：

祭壇

材料與工具：

打火機或火柴

粉紅色蠟燭

4條長8英寸(20.3公分)的線

彩色的串珠(視需要)

一、清理你的祭壇。

二、點燃蠟燭，專注在自己想要強化人際連結與關係的意念。

三、拿起三條線，將它們從中彎折，並用第四條線綁住彎折的中間點。

四、左手握住一邊的三條線，右手握住另一邊的三條線。

五、將右側三條線最右邊的線越過隔鄰的線，然後潛入右側最靠中間的線底下，再用左手把它拉過來，變成左側最靠中間的線。至此，你的左手應該有四條線，右手有兩條線。

六、將左側四條線最左邊的線潛到隔鄰的線底下，然後越過左邊數來第三條線，再潛入步驟五的那條左側最靠中間的線底下，用

右手把它拉過來。至此，你的左手所拿的線數量應該恢復成三條，右手所拿的線數量也恢復成三條。

七、重複步驟五及步驟六——如果想要的話也可以在過程中按照己意織入串珠——直到把線織完。你的織品長度應當約有 6 英寸（15.2 公分）。

八、在織品末端打上一個結，把自己想要強化人際關係、培養和睦的意念封於其中。將多餘的線剪掉。

九、冥想 20 分鐘，觀想自己想要具現的情境。

十、只要你還想要強化人際關係、跟人相處和睦的話，就把和睦繩辮一直帶在身邊。

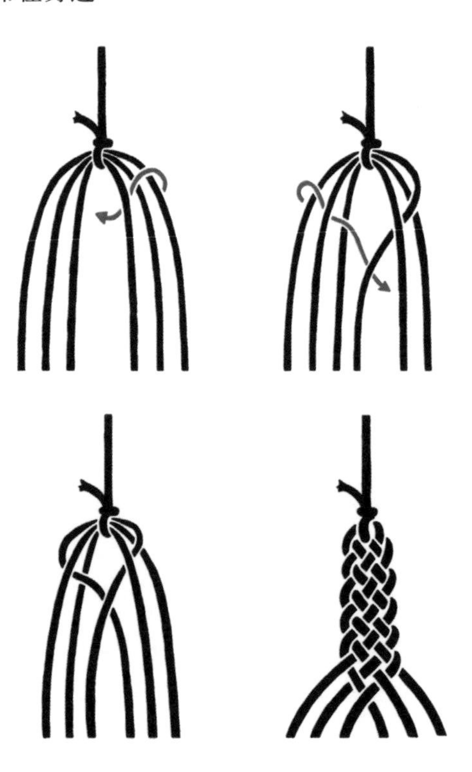

「修補嫌隙」法術

最近有處在逐漸惡化的爭論當中嗎？你已準備好要修補自己與某位自己在乎的人之間的嫌隙嗎？此法會激發爭論雙方之間的同理心與原諒。然而這裡有個重點：此法無法改變人們的想法——它只有在雙方都準備好要改善事態時才會發揮作用。

進行法術的適合時機：

週二、週三或週五

施法所需時間：

30分鐘

進行法術的適合地點：

祭壇

材料與工具：

方布——計算要做的布偶數量，每個布偶會用到2片方布

縫衣針

縫線

聚酯纖維填充棉或用於填充的棉球

爭論各方的個別照片，或是各自寫有各方名字的紙片

鉛筆

剪刀

1茶匙乾燥薰衣草

1茶匙乾燥丁香

1茶匙乾燥貓薄荷

打火機或火柴

藍色蠟燭

1湯匙蜂蜜或1條較長的細繩

一、清理你的祭壇。

二、淨化方布、針線與填充物。

三、將爭論各方人士的照片放在祭壇上，每個人均需單獨一張照片。

四、用鉛筆在兩塊方布上繪出第一個布偶的前面與背面輪廓，再用剪刀剪出形狀。

五、將剪好的兩塊布相互貼齊、反面朝外，用針線沿著布邊縫成布偶。記得留幾公分長的開口暫時不縫，然後將布偶的內面翻成外面以隱藏縫線。

六、重複步驟四與步驟五以製作代表個別相關人士的布偶，每個人都要有一個布偶作為象徵。

七、用聚酯纖維填充棉、薰衣草、丁香及貓薄荷來填充每個布偶。

八、將每個布偶的開口縫閉，並把完成的布偶一起放在祭壇上。

九、點燃蠟燭並冥想自己的意念5分鐘。

十、將所有布偶疊在一起，用蜂蜜將它們黏在一起，因為蜂蜜能使爭論各方的感受轉好並修補裂隙。如果你不想用蜂蜜的話，就用一條細繩把所有布偶綁在一起。

十一、如果有用蜂蜜的話，請把布偶們儲存於密封容器再放在祭壇上，以避免蟲擾。

十二、直到嫌隙修補化解之前，須持續將布偶們疊在一起。

「尋找失物」法術

是否有頑皮鬼在對你惡作劇呀？你有遺失什麼東西嗎？這法術可以讓你找到遺失的物品。如要完成此法，你將需要一副靈擺，即一端繫有小型重物的長鏈或長繩。這種占卜方式只要多加練習與專注就能熟練，所以不用擔心自己的首次嘗試會失敗喔！

進行法術的適合時機：

週四或朔月、新月期間

施法所需時間：

15分鐘

進行法術的適合地點：

祭壇

材料與工具：

金屬線

金屬鏈或細繩

白水晶

剪線器

紙與筆

打火機或火柴

棕色蠟燭

一、清理你的祭壇。

二、用金屬線、金屬鏈與白水晶製作一副靈擺。首先用金屬線緊緊纏繞水晶，纏到水晶不會滑脫出去的程度。然後在金屬線的末端用扭轉的方式做出圈環。剪除不需要的金屬線，並將金屬鏈穿過圈環。若手邊已有靈擺成品，直接拿來用也沒問題。

三、使用一些你已知道答案的問題來設定靈擺。清空思緒，用食指與拇指從鏈尾把靈擺拿起來，讓它能夠擺動。用以下指標來設定靈擺：東西向的擺動代表「是」；南北向的擺動代表「不是」；

繞圈代表「也許」。在問出某個已知答案的問題之後，就依答案搖動靈擺做出對應動作。*

四、畫出自家的概略佈局。

五、點燃蠟燭。

六、將靈擺握在手中，向它灌輸自己的意念。觀想失物的模樣。

七、將靈擺提到概圖的上方，並開始問問題，例如「我的東西是不是位在廚房？」將自宅的每個房間都問過一遍，並記下靈擺搖動所透露的答案再依照答案去找失物。

---

*譯註：若用這種設定，請在進行之前先確定東西南北的方位，並畫成簡略的方位示意圖放在面前協助參考會比較清楚。

第7章
健康與
療癒

健康與療癒法術係用來協助你對抗病痛及恢復個人的體力與心力。本章的法術專注於操縱能量以誘發改變，從而具現出修復與復原。它們無法防止你染患疾病，但能推動你的健康並協助你抵禦疾病。這些法術應當配合提振健康的基本作為——像是多喝水、吃新鮮蔬果及足夠的睡眠——一同進行。療癒法術的效果並非立即可見，而是需要時間整合。請記得要有耐心，絕對不要對自己內在的魔法失去信心。

健康七日燭法術

有感覺到自己快要舊疾復發，還是現正久咳不癒呢？這項療癒蠟燭魔法十分適合用來提升你的療癒能量，以對抗任何困住你的病痛。此法運用藍色蠟燭以發揮活化、療癒的效果。

進行法術的適合時機：

週三或上弦月期間

施法所需時間：

第一日35分鐘，後續6日則每日需要10分鐘

進行法術的適合地點：

祭壇

材料與工具：

小刀，用於刻蠟燭

健康印記（視需要）

藍色柱狀蠟燭

盤子

打火機或火柴

一、清理你的祭壇。

二、用小刀在蠟燭上刻上「健康」（health）。另一種作法則是製作健康印記，即依照「量身訂做的療癒印記」（參見第184頁）指示製作印記，僅是將原本使用的「療癒」字詞換成「健康」。

三、將蠟燭放在盤子上並點燃。用10分鐘冥想自己想為蠟燭灌輸療癒性質的個人意念，並說：

「吾將此病送進火裡，令其從此不奪健康。」

四、將蠟燭熄滅。

五、每日進行同樣的冥想，點燃同一根蠟燭，如此維持一週（含第一天），可視需要重複施法。

療癒的滿月之水

水對生命而言是必要事物。如果想要連結、榮耀水支持生命之性質，還會有比飲用注滿魔法能量的水還要更好的作法嗎？為飲用水注入能量的方法有很多種，而這款法術使用的是月亮的能量。

進行法術的適合時機：

滿月期間

施法所需時間：

15分鐘，後續要靜置整晚以月光充能

進行法術的適合地點：

戶外或能照到月光的窗戶邊

材料與工具：

3至5顆白水晶

1大罐水

一、清理進行為水充能的地方。

二、將水晶繞著那一大罐水的外圍擺置，它們將會放大滿月的能量。

三、將水罐拿起，並在手中搖晃，同時說：

「生命之水啊，滿月之力為汝充能，並將療癒之光灌注於汝。」

四、讓水與水晶靜置整晚充能。

五、請於第二天或是分次在一個月之內將水喝完。

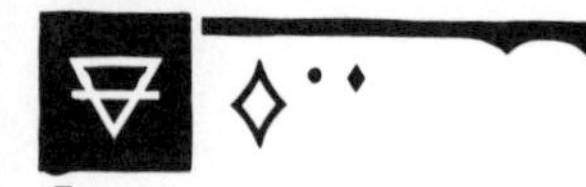

「淨化之光」法術

你有覺得不舒服、無法振作或疲憊不堪嗎？你可以取用太陽的能量來清除自己的病痛、不適或疾患。此法結合太陽能量、護符與蠟燭的能量，以啟動你的恢復。

進行法術的適合時機：

週三，於日出時

施法所需時間：

15分鐘

進行法術的適合地點：

戶外

材料與工具：

黃色蠟燭

1湯匙基底油，像是橄欖油

1茶匙乾燥迷迭香

打火機或火柴

太陽形狀的小飾物，或是用奇異筆畫的太陽石頭

一、定出戶外祭壇空間並清理之。

二、用基底油膏抹蠟燭，手指沿著蠟燭往上移動，驅逐你想要捨棄的事物。注意別使燭芯沾到油。

三、將迷迭香撒遍整根蠟燭，為其灌注健康與療癒的品質。

四、點燃蠟燭，並將你的太陽小飾物過一過燭焰的煙氣。如果沒有此種小飾物，就拿塊石頭，並用奇異筆畫上太陽的象徵符號作為替代。

五、一邊冥想自己的意念，一邊等待日出，使自己能夠取用太陽的淨化之光。

六、將太陽形狀的小飾物佩戴在身邊。

療癒的洗浴儀式

感冒一直沒好嗎？感覺自己因為壓力而身體不適嗎？療癒洗浴儀式能幫助你的身體進行重置，使其有復原的機會。此法使用藍色蠟燭與瀉鹽的療癒能量以放鬆你的身體。

進行法術的適合時機：
週三或滿月期間

施法所需時間：
30分鐘

進行法術的適合地點：
浴室

材料與工具：
1杯瀉鹽
3滴尤加利精油
3滴胡椒薄荷精油
打火機或火柴
藍色柱狀蠟燭

一、清理你的浴室。
二、將溫水或熱水注入浴缸，並添入瀉鹽、尤加利精油與胡椒薄荷精油。
三、在等待浴缸注水的時候，點燃蠟燭並放在附近的安全位置。
四、進入浴缸浸浴 20 分鐘。將你的能量專注在想要療癒的事物。感受浴缸中那已加料的熱水正為你的身體補充能量。
五、浸浴20分鐘之後，將浴缸的水放掉並吹熄蠟燭。

「恢復命火」法術

覺得自己已經消耗殆盡了嗎？是否覺得自己在智性、身體或情緒層面失去平衡呢？你可以施展此法取用火元素，為自己或心愛的對象燒掉勞累、疲憊或耗竭的感受。

進行法術的適合時機：

週三

施法所需時間：

施法期間每日15分鐘

進行法術的適合地點：

祭壇

材料與工具：

需要療癒之人的照片

奇異筆

不燃材質的盤子

藍色獻願蠟燭

1茶匙鼠尾草末

打火機或火柴

一、清理你的祭壇。

二、使用奇異筆圈選相片中的人物需要療癒能量的位置，例如若是思考、智性方面的耗損，就把頭圈起來；若是感受、情緒方面的耗損，就把心圈起來，依此類推。

三、將相片放在不燃材質的盤子，再把蠟燭放置在相片上。

四、一邊將鼠尾草撒向蠟燭，一邊提升自己的能量。

五、點燃蠟燭，並讓它燃燒15分鐘。閉上眼睛，專注在復原與療癒。

六、每日重複進行此法術，直到蠟燭燒盡為止。

「睡中病癒」咒袋

目前是否因病得太重而擠不出足夠的能量來療癒自己呢？那麼就在睡覺的時候療癒自己吧！這款藥草咒袋的製作既方便又簡單，你還能在它發揮吸收疾患的過程中保持熟睡。

進行法術的適合時機：

週三或下弦月期間

施法所需時間：

10分鐘，加上睡一整晚的時間

進行法術的適合地點：

祭壇

材料與工具：

長8英寸（約20.4公分）的藍色方布

2茶匙乾燥洋甘菊

2茶匙檀木屑或檀香碎料（sandalwood chips）

2茶匙卡宴辣椒

2茶匙乾燥迷迭香

藍色細繩

一、清理你的祭壇。

二、將布鋪開，並一一加入洋甘菊、檀木屑、卡宴辣椒及迷迭香，同時說：「吾比自已所想更強壯，故藉此寶，造出連結，用睡中微笑使吾恢復。」

三、由布邊將布收攏成袋，用細繩綁緊袋口，同時觀想那些材料的能量。

四、在上床睡覺之前，吸嗅咒袋的香氣並觀想自己得到療癒。睡覺時，將咒袋放在身邊或枕頭底下。

五、每當生病的時候，重複進行步驟四。

「療癒之月」護符

就讓滿月的能量來療癒自己吧！在這法術中，你將創造出一條經過充能的項鍊，用來放大你對於療癒的意念。如果項鍊是水晶或木頭製的，還會增強這法術的力量。如果你沒有項鍊，也可以用金屬線繫上一塊木頭或一顆水晶來做出項鍊。

進行法術的適合時機：
滿月期間

施法所需時間：
15分鐘，加上靜置整晚的時間

進行法術的適合地點：
祭壇

材料與工具：
白色或藍色獻願蠟燭或柱狀蠟燭
2滴尤加利精油
打火機或火柴
用木頭或水晶製成的項鍊（或是墜飾為木頭或水晶的項鍊）

一、清理你的祭壇。

二、用尤加利精油膏抹蠟燭，注意別讓燭芯沾到油。（比較安全的作法是，將精油經過基底油，例如 1 湯匙橄欖油稀釋之後再進行膏抹，這樣的量也比較能夠抹遍整根蠟燭。）

三、點燃蠟燭並專注在觀想療癒能量。

四、將項鍊過一過蠟燭的暖熱煙氣，同時說：

「吾以療癒之光灌注此燭，以滿月之光為其充能，今晚以後，祛病護吾。」

五、雙手握住項鍊，感覺自己的能量與項鍊的能量混在一起。以後當你需要療癒能量時，就配戴它。

六、將蠟燭熄滅，並把護符放在能夠照得到月光的窗台上。

七、每逢滿月，就為護符充能。

恢復身體活力的膏脂

在病痛與不適過去之後，讓自己的身體重獲活力吧！這款為身體提供全方位療癒的膏脂，能夠用在疼痛、瘀傷、擦傷、乾燥皮膚或出疹部位。將它當成送給朋友或愛人的禮物也很適合。

進行法術的適合時機：

週三或滿月期間

施法所需時間：

1小時40分鐘

進行法術的適合地點：

廚房

材料與工具：

雙層蒸鍋（double boiler），或是中型鍋、小型鍋及陶瓷盤各一

1杯乳油木果脂或可可脂

½杯椰子油

½杯基底油，例如杏仁油

20滴薰衣草精油

手持式攪拌器或打蛋器

用木頭或水晶製成的項鍊（或是以木頭或水晶為墜飾的項鍊）

一、清理你的廚房空間。

二、將雙層蒸鍋放在火爐上，用中火加熱。如果沒有雙層蒸鍋，就用中型鍋，裡面加水之後在鍋中倒扣一只小烤盤或陶瓷盤，確保倒扣的盤子仍有四分之一的高度露出水面。然後在它上面放較小的鍋子，請注意這個較小的鍋子是不碰水的。

三、將乳油木果脂、椰子油與基底油放進雙層蒸鍋或小鍋裡，然後一直攪動到全部融化。將混合物移離熱源，冷卻1分鐘。

四、加入薰衣草精油，一邊專注在自己的意念，一邊攪動，然後將混合物送進冰箱冷藏1小時。

五、從冰箱拿出混合物，並用手持式攪拌器或打蛋器不斷攪動，直到混合物呈現蓬鬆的狀態。再將混合物送進冰箱冷藏15分鐘使其固定。

六、將它密封在玻璃罐中，儲存在溫度大約為華氏75度（攝氏23.9度）的環境。

尤加利淨除油膏

你可以用這款藥草油膏驅除咳嗽、感冒與痰症。這個簡單快速的法術所使用的尤加利，是常用於治療感冒或呼吸道症狀的藥草。如果你的皮膚比較敏感，記得先擦在一小塊皮膚上測試看看。

進行法術的適合時機：

週三，或新月、上弦月期間

施法所需時間：

20分鐘

進行法術的適合地點：

廚房

材料與工具：

2湯匙椰子油

1個容量為1.5盎司（約42.6至44.4毫升）的有蓋玻璃罐

6滴尤加利精油

一、清理你的廚房空間。

二、將椰子油放進玻璃罐。若椰子油呈現固態，可用微波爐的小火力，每加熱10秒就停下來檢查，直到它融化為止。注意別把它煮到沸騰。

三、將尤加利精油加入玻璃罐，同時專注在你的意念。

四、攪動混合物，同時說：

「吾藉此油，灌注療癒能量到胸部，淨除使吾不適的病物。
此言既出，所願遂成。」

五、將混合物放於冰箱冷藏，直到凝固。

六、如要使用，就拿少許抹在身體的指壓點（即穴位）。

穩定焦慮的法術

焦慮有可能無預警地出現在個人生活中，所以學習在這情緒尚未惡化到失控之前設法因應，會是相當重要的事情。你可以藉由這款只用一顆黃水晶的接地法術，去汲取自己早已俱足的力量以控管焦慮。

進行法術的適合時機：
任何時候

進行法術的適合地點：
祭壇

施法所需時間：
15分鐘

材料與工具：
黃水晶

一、清理你的祭壇。

二、調整到舒適的坐姿，用慣用手握住黃水晶並閉上眼睛。

三、深深地呼吸。觀想自己的頭上出現一團療癒之光的光球，感覺它緩緩下來，經過身體而降到脊椎底部，並在移動過程將身體裡面的所有焦慮一併拉走。

四、當你感覺光球已經聚攏自己的所有焦慮，就用觀想的方式，將它送出體外並進入大地。

「重新啟動」魔藥

你是否曾在生病的時候，希望自己的身體有個「重新開機」的開關呢？這款使用新月及血石的法術可以讓你做到這件事。你可運用此法將自己關機，然後重新啟動，進而準備好面對接下來一整個月的挑戰。

進行法術的適合時機：

新月期間

施法所需時間：

30分鐘

進行法術的適合地點：

祭壇或廚房

材料與工具：

1夸脫（約1至1.1公升）或4杯蒸餾水，或煮沸後放涼到室溫的開水

大型有蓋玻璃罐

1湯匙乾燥蕁麻（nettle）

1湯匙乾燥馬鞭草

血石

濾杯或細紗濾布

飲用的杯子（視情況）

一、清理你的祭壇或廚房空間。

二、將水倒入大玻璃罐。

三、加入蕁麻與馬鞭草，然後將玻璃罐蓋緊密閉。

四、將血石放在罐蓋，讓它的能量注入其中以協助重新啟動。

五、在看得到新月的地方閉上眼睛並專注於自己的意念。

六、讓你的魔藥在新月照得到的地方靜置浸泡一晚。

七、將魔藥濾至杯子飲用，或是把它倒在自家外面，使新月的能量包攏自己。

癒痛水晶陣

痛有許多形式，像是身體層面的疼痛，還有心智層面或情緒層面的痛苦。水晶能夠藉由給予療癒、恢復的能量來幫助你控管疼痛或痛苦。這個水晶陣會用到數種具有療癒性質的水晶。

進行法術的適合時機：
新月或滿月期間

進行法術的適合地點：
祭壇或照得到月光的戶外場地

施法所需時間：
30分鐘

材料與工具：

紙與筆
4顆白水晶
3顆黃水晶
3顆綠松石
3顆橄欖石
魔杖或巫刃

一、清理你的祭壇或戶外空間。

二、用紙筆繪出自己感覺最適合的陣形圖案。先別擺水晶上去，那是到步驟四才做的事情。

三、用雙手握住那些水晶，觀想自己的能量與意念跟它們混合在一起，並說一句肯定語句，例如「我為這些水晶充能以吸收疼痛、帶來療癒」。

四、使用這些水晶排成你在步驟二繪出的圖案。先拿大顆的水晶擺在中間，再用其他水晶向外擺置。

五、使用魔杖或巫刃啟動水晶陣。導引你的能量，將所有的水晶連結在一起，並說「吾連結此陣，驅逐疼痛、避免受傷」。

六、恢復舒適的坐姿、閉上眼睛，用15分鐘冥想自己的意念。

七、只要還想讓水晶陣持續發揮功能，就無需撤陣。你只需每隔幾天用自身能量連結所有水晶並大聲說出自己的意念即可。

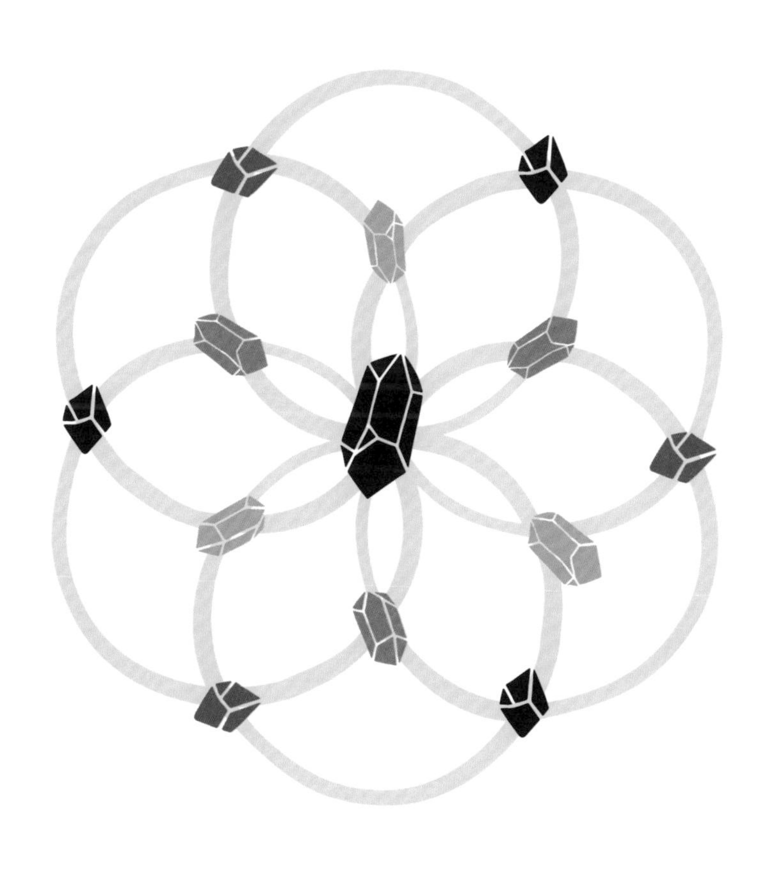

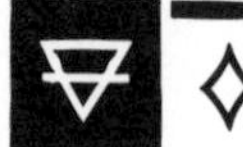

健康布偶護符

布偶是用於交感巫術（sympathetic magic）的工具之一，因此它很適合與處方醫療或預防醫療合併使用。你可以按照個人意念用布偶創造出支持自己的連結。這款布偶也很適合用在心愛的人身上，以提振療癒力量。

進行法術的適合時機：
週日或新月、滿月期間

施法所需時間：
30分鐘

進行法術的適合地點：
祭壇

材料與工具：
2片藍色方布
縫衣針
縫線
聚酯纖維填充棉或用於填充的棉球
鉛筆
剪刀
1茶匙乾燥香蜂草
1茶匙乾燥金盞花
1茶匙黑胡椒
屬於你的小物

一、清理你的祭壇。

二、淨化方布、針、線與填充物。

三、在方布上繪出布偶的前面與背面輪廓。再用剪刀剪出形狀。

四、將剪好的兩片布以反面朝外的方式相互貼齊，用針線沿著布邊縫成布偶，並留幾公分長的開口暫時不縫。然後將布偶的內面翻成外面以隱藏縫線。

五、用聚酯纖維填充棉、香蜂草、金盞花及黑胡椒來填充布偶。在加入每一件材料時都為其灌注能量。

六、將你的個人所有物放到布偶裡面，使它與你聯繫在一起。個人所有物可以是你的一根頭髮、舊的別針、蝴蝶結或是一些你曾經使用過的物品，放入之後就將開口縫閉。

七、將布偶放在祭壇上。專注在自己想要療癒的身體部位，並感覺自己的能量正包攏著布偶的對應部位。讓自己進入10分鐘的恍惚狀態，同時說：

「療癒之光，予以包攏；復原能量，將它包圍。」

八、每當你需要療癒能量時，就重複進行步驟七。

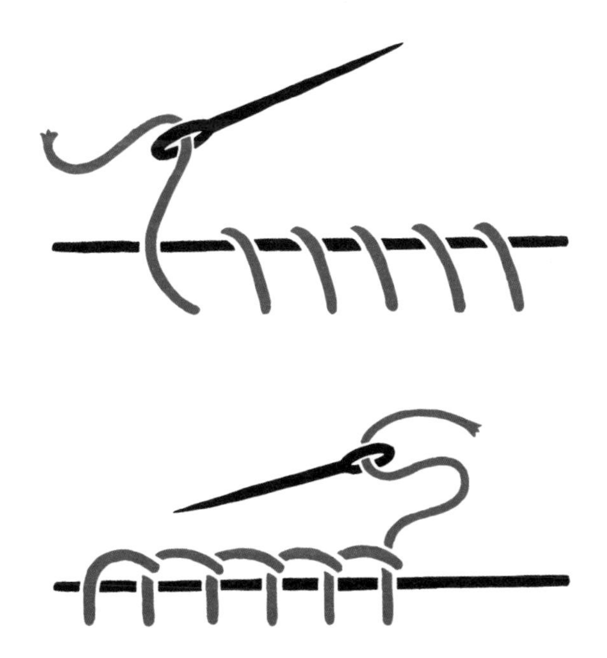

療癒鏡法術

鏡子可以用來稍加強化你的療癒類型法術。這個頗為有效的法術會用到一面鏡子、水晶、一根藍色蠟燭與迷迭香精油，為你或你心愛的人創造療癒能量。

進行法術的適合時機：
滿月期間

施法所需時間：
35分鐘

進行法術的適合地點：
祭壇

材料與工具：
具有手把的鏡子
不燃材質的大碗
紙與筆
藍色蠟燭
3滴迷迭香精油
4顆白水晶或其他具有療癒性質的晶石
打火機或火柴
巫刃或魔杖

一、清理你的祭壇。
二、將不燃材質的大碗放在祭壇上，將鏡子以鏡面朝上的方式平放在大碗中。
三、用紙筆寫下需要療癒的對象之名。
四、將寫好的紙放在鏡子上面。如有必要，可以折疊紙張到可以放進去的程度。

五、將蠟燭放在紙與鏡子上面。用迷迭香精油膏抹蠟燭並專注於自己的意念。注意別讓燭芯沾到精油。（比較安全的作法，是將精油經過基底油，例如1湯匙橄欖油稀釋之後再進行膏抹。）

六、將四顆白水晶繞著鏡子、紙張及蠟燭排成菱形，分別代表東南西北，用來榮耀四大元素。

七、點燃蠟燭，並用10分鐘冥想自身欲望與意念。

八、張開眼睛。用魔杖或巫刃以順時鐘方向逐一指向每顆水晶，並說：

「吾藉此燭，擺脫所有不適與沮喪；
吾藉眾晶，於今晚驅逐所有病痛；
吾藉此鏡，擴增放大吾所律令的療癒能量。」

九、讓蠟燭繼續燃燒20分鐘，同時冥想自己的意念，為自己的法術提升能量，讓蠟液滴到紙張與鏡子上。

十、最後將蠟燭與紙張埋到地下。

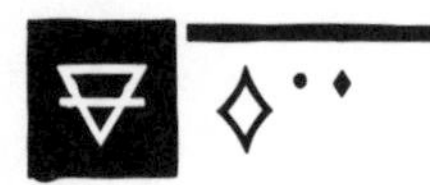

「遠距療癒」法術

如果你所愛的人需要療癒，但對方（或你家）正在遙遠的彼方，那麼可以嘗試進行遠距或遠端的療癒（distant or remote healing）。此法所用的方式有時被稱為療癒醫學（healing medicine）或靈氣（Reiki），並且能用水晶棒（crystal wand）*或握石來進行。

進行法術的適合時機：

週三或上弦月期間

施法所需時間：

45分鐘

進行法術的適合地點：

任何能讓自己覺得舒服的地方

材料與工具：

枕頭或冥想坐墊（視需要）

打火機或火柴

不燃材質的大碗

紫色蠟燭

水晶棒，材質選用白水晶、粉晶或透石膏

一、清理你要進行遠距療癒的空間。

二、如果你有枕頭或冥想坐墊的話，就坐於其上，使自己感到舒服。

三、點燃蠟燭以強化你的心靈能力，並幫助你專注在提供療癒的意念。

四、用慣用手輕握水晶棒並連結它的能量。非慣用手則張開，掌心朝上。**

五、閉上眼睛深呼吸，直到進入冥想狀態。

六、將自己的能量前前後後地挪動，直到你可以將它導引到水晶棒那裡。讓你的能量與水晶的能量連結、融合在一起。

七、想像出你想要給予療癒能量之人的模樣。

八、將水晶棒前後移動，觀想療癒能量正上上下下地沖刷你的療癒對象，並專注在自己的意念上。

九、當你完成之後，將殘餘的能量接地釋放，並持續深呼吸，直到你感覺到自己的能量再度回歸中心為止。

＊譯註：水晶棒係指將晶石加工成一端尖、一端圓的短棒狀能量工具。尖端為能量發射處，圓端為能量輸入或吸收處。

＊＊譯註：在此為大家解釋為何做這些動作。如果把人體看成一根超大水晶棒的話，慣用手就相當於發射能量出去的尖端，非慣用手就相當於輸入、吸收能量的圓端。慣用手之所以會拿水晶棒，是為了輸出能量給水晶棒；至於非慣用手之所以掌心朝上張開，是為了自動接引宇宙的療癒能量或靈氣。基本上接引能量進入的自動過程通常不會特別強調，就像作者也沒刻意提這部分。然而在進行法術時若發現自己的能量需要補充，請暫停法術，轉而專注在非慣用手的掌心，並想像、感受或思索宇宙的療癒能量或靈氣正源源不絕地從四面八方進入自己，等到感覺自己的能量飽滿或至少有得到持續的補充，再繼續進行法術——就像行動電源那樣，如果沒電的話，是沒法為手機充電的喔！

量身訂做的療癒印記

量身訂做的療癒印記可以用於各式各樣的療癒類型法術中。你可以將印記刻在蠟燭、畫在石頭，或縫在布偶或咒袋上。別擔心自己是否能夠做出完美的印記，「它是你的獨特印記」——這才是真正重要的事情。

進行法術的適合時機：
週三或新月期間

施法所需時間：
10分鐘

進行法術的適合地點：
祭壇

材料與工具：
藍色奇異筆
紙
扁平的石頭或木頭（視情況）
薰衣草燃香或是掃帚（視情況）

一、清理你的祭壇。

二、專注在自己的意念上。拿一張紙，用藍筆寫下「療癒」或類似的字詞。

三、將字拆解成基本筆畫，像是彎、點、橫及豎等等。把這些筆畫寫在字詞的下方。（如果使用中文的話，也許可以嘗試拆成基本部首與筆畫簡單的字，用來進行下一步驟。）

四、在同一張紙上，將那些筆畫組成某個形狀的輪廓。這整個形狀就是你的療癒印記。

五、還是在同一張紙上，重新繪製那藏有自身意念的療癒印記。

六、如要製作療癒印記護符，就將療癒印記畫在一顆石頭或一塊木頭上。點起燃香，將護符過過煙氣為其淨化，也可以改用掃帚為其淨化。然後雙手握著護符，並專注在將它聖化的意念以啟用護符。

療癒能量香袋

無論何時，只要你覺得自己在身體、情緒或靈性的療癒上需要補充一下能量，都能使用這個療癒香袋達到目的。那象徵療癒，縫製香袋的布、蠟燭與水晶呈顯的藍色，是這法術的主幹。

進行法術的適合時機：

週一或週日

施法所需時間：

3至5小時，依蠟燭燃燒時間而定

進行法術的適合地點：

祭壇

材料與工具：

邊長5英寸（12.7公分）的藍色方布

縫衣針

藍色縫線

打火機或火柴

藍色茶燭

4顆丁香

4片新鮮玫瑰花瓣

1顆自選的藍色水晶或礦石（如果沒有，就用白水晶替代）

一、清理你的祭壇。

二、將兩塊布相互貼齊、反面朝外。

三、用針線沿著方布邊緣縫製以做出小包，記得留幾公分長的開口暫時不縫，這樣就能把內面翻到外面以隱藏縫線。

四、點燃蠟燭並安靜坐著，想像自己一切安好的模樣。

五、將丁香、玫瑰花瓣與晶石逐一放進小袋，並說：

「吾以丁香，療癒自己；
吾以玫瑰花瓣，療癒自己；
吾以此石，療癒自己。」

六、將那幾公分長的的開口縫閉，把自身意念封在裡面。

七、閉上眼睛，觀想香包散發藍色的療癒能量將你包圍。

八、你可以等蠟燭自行熄滅或把它吹滅，並在過程中感覺蠟燭把你的病痛一併帶走。請注意，這支蠟燭不能用於它途。

第8章

保護與寬恕

身為巫師的你，無論是才剛入門或經驗老到，保護與寬恕類型的法術都應是必修科目。保護魔法算是施法的最古表現形式之一，用來協助我們保護自己；寬恕魔法則讓我們活在當下、尋得內在平安。這兩類魔法會組在一起施行，因為它們均是獲得安全感的必要作為。列於本章的法術將會教導你如何保護自己、自家與周圍的人們，並在過程中找到平安。

「保護住家」洗液

保護始於自宅。你可以使用這款保護洗液強化住家，為自宅阻擋惡靈、不受歡迎的注意及其他傷害。為了確保效力，你應當在每一季的開始重新製作保護洗液。

進行法術的適合時機：
週六或朔月期間

施法所需時間：
10分鐘，另加上清理的時間

進行法術的適合地點：
廚房

材料與工具：
1夸脫（約1至1.1公升）或4杯水
大鍋
水桶
1杯白醋
12滴佛手柑精油
12滴天竺葵精油
擦布

一、清理你的廚房空間。
二、將一大鍋水煮滾以去除雜質。將經過淨化的水（要放涼）倒進乾淨的水桶中。
三、將白醋加入水桶中。
四、專注在自己的意念，同時加入佛手柑與天竺葵精油。
五、攪動水桶裡面的液體三遍，並說：

「繞著水桶攪三遍，保護家宅與空間。」

六、請用此款經過施法的洗液來清潔家裡的門與窗戶。

疆界保護鹽

你有感覺到不受歡迎的能量或靈體越過你自己的邊界嗎？那麼可以藉由一些疆界保護鹽來掌控局面、克服恐懼。這法術可以在你家周圍立起屏障，保護你不被那些不受歡迎的力量打擾。

進行法術的適合時機：

週六或新月期間

施法所需時間：

15分鐘，另加上撒鹽的時間

進行法術的適合地點：

祭壇或廚房

材料與工具：

1杯食鹽

1個容量12盎司（約341至355毫升）的有蓋玻璃罐

1茶匙乾燥羅勒

1茶匙丁香粉

1茶匙小茴香粉

1茶匙黑胡椒

1茶匙以前施法後收集的灰燼

一、清理你的祭壇或廚房空間。

二、將鹽加入罐裡。

三、然後將羅勒、丁香、小茴香、黑胡椒與灰燼逐一加入罐裡，並同時說：

「羅勒啊，為吾守護；丁香啊，為吾衛護；
小茴香，為吾罩護；黑胡椒，為吾擋護：灰燼啊，為吾保護。」

四、將罐蓋蓋上，搖晃罐子以混合內容物。

五、將混合的鹽末倒在住家周圍，做出一條中間沒有斷開的線條。時常檢視這條鹽線是否保持無斷開的狀態。若線斷開，就重複施法。

保護的護身符

具有保護性質的護身符（amulet）能夠提升身體用於防衛的保護能量。這法術使用關聯保護性質的顏色（黑色或棕色），還有保護類的藥草（小茴香）。你可以把護身符配戴在身上，或是當成禮物送給你想要保護的對象。

進行法術的適合時機：

週六或滿月期間

施法所需時間：

15分鐘

進行法術的適合地點：

祭壇

材料與工具：

1小撮小茴香

黑色或棕色獻願蠟燭

打火機或火柴

項鍊或護身符

一、清理你的祭壇。

二、將小茴香撒在蠟燭頂端以祝福之。

三、點燃經過祝福的蠟燭並觀想它的保護品質。

四、將項鍊或護身符過一過蠟燭的煙氣，並說：

「保護項鍊，充入吾意，護吾所向。」

五、將你的力量注入護身符，為其充能以發揮功效。

六、每隔幾個月，就用同一根蠟燭重複施展法術，再次為保護的護身符充能。

保護印記

在這法術中，你將創造出可以繪於保護之石上面的印記。這印記也適合與「保護住家」洗液（見第 190 頁）一起使用——只要將指頭沾取洗液，並在鏡子與窗戶畫上隱形的保護印記即可。

進行法術的適合時機：

週六或新月期間

施法所需時間：

10分鐘

進行法術的適合地點：

祭壇

材料與工具：

紙與筆

黑色奇異筆

扁平的石頭（視情況）

一、清理你的祭壇。

二、專注在自己的意念。在紙上用筆寫下「保護」（protect）。

三、將字拆解成基本筆畫，像是彎、點、橫、豎等等。把這些筆畫寫在字詞的下方。（如果使用中文的話，也許可以嘗試拆成基本部首與筆畫簡單的字，用來進行下一步驟。）

四、在同一張紙上，將那些筆畫組成某個形狀的輪廓，可以是正方形、心形、十字架或三角形。然後將其他沒有放進去的筆畫，像是圓、弧與橫線，沿著輪廓線條放置或圍繞那個形狀。這整個圖樣就是你的保護印記。

五、想要的話，可在扁平石頭繪上藏有自身意念的保護印記，並隨身攜帶。

鐵的保護法術

鐵是具有保護性質的重要金屬，而且它也非常普遍，整個地球、甚至天上星辰，都有它的存在。鐵在法術裡面的運用，會以鐵釘、馬蹄鐵與赤鐵礦（金剛石）的形式呈現。而在這法術中，你會把鐵當成供品埋入大地，以換取保護。

進行法術的適合時機：
週六，或新月、上弦月期間

施法所需時間：
20分鐘

進行法術的適合地點：
祭壇及戶外地點

材料與工具：
研缽與碾杵，或是磨粉器
1片乾燥月桂葉
1茶匙肉桂
1茶匙鹽
打火機或火柴
碳餅
不燃材質的盤子
5件鐵物（例如鐵釘或赤鐵礦）

一、清理你的祭壇。
二、使用研缽與碾杵或磨粉器混合月桂葉、肉桂及鹽，做出燃香混料，然後放置一旁。
三、在不燃材質的盤子上點燃碳餅，待其燒至紅透。
四、將一小撮燃香混料撒在碳餅上。
五、將那些鐵物過一過煙氣，同時專注在自己的意念。
六、冥想10分鐘，然後熄滅燃香。
七、將那些已經灌注能量的鐵物當成獻給大地的供品，埋入自家周圍的土地中。

寬恕的洗浴儀式

寬恕並不是立即的，而是需要時間的過程。這項洗浴儀式能幫助你開始放下過去的創傷、悲慟與痛苦，也會在你原諒那些傷害自己的人們之過程提供支持。

進行法術的適合時機：

週日、週一，或新月期間

施法所需時間：

45分鐘

進行法術的適合地點：

浴室

材料與工具：

1杯瀉鹽

打火機或火柴

黑色或白色柱狀蠟燭

3滴茉莉精油

3滴洋甘菊精油

一、清理你的浴室。

二、將溫水或熱水注入浴缸，並將瀉鹽加進去。

三、點燃蠟燭並放在附近的安全位置，同時專注於自己的意念。

四、等到浴缸裡面的水已經注好，加入茉莉精油與洋甘菊精油後，人再進去浴缸浸浴。

五、在浴缸浸浴30分鐘，觀想身體裡面出現一些從身體內部往外移動的球體，而所有的痛苦與悲傷都被拉到那些球體裡面，跟著球體一起離開身體。

六、浸浴30分鐘之後，將浴缸的水放掉並吹熄蠟燭。

七、這儀式可依需要經常進行喔！

「旅行平安」護符

你的旅程是陸行、船運還是飛行呢？藉由旅行平安的祝福，你可驅走恐懼與擔憂，使自己在旅行當中只會有正向與安全的體驗。此法也可用在需要保護祝福的旅伴身上喔！

進行法術的適合時機：

週三，或朔月、滿月期間

施法所需時間：

15分鐘

進行法術的適合地點：

祭壇或戶外空間

材料與工具：

打火機或火柴

碳餅

不燃材質的盤子

小碗

1茶匙乾燥紫草（comfrey）

1茶匙乾燥迷迭香

1茶匙乾燥薄荷

跟自身旅行類型有關的水晶（例如海水藍寶用於渡海旅行；翡翠用於陸路旅行）

一、清理你的祭壇或戶外空間。

二、在不燃材質的盤子上點燃碳餅，等它燃燒 5 到 10 分鐘或燒至紅透的程度。

三、用小碗混合紫草、迷迭香與薄荷。

四、將前一步驟的混料當成燃香，撒一小撮在碳餅上。

五、拿水晶過一過燃香的薰煙，並專注於自己想為攜帶此水晶的人予以祝福與保護的意念。

寬恕浴蒸香磚

寬恕別人並不容易，它的確需要勇氣，然而你會在這過程中變得更加強大。這款用於浴室的魔法香磚具有鎮定心神的香氣以及能夠提振勇氣的精油。你可以直接使用這款香磚，或是配合「用於寬恕的淨化沐浴」法術（見第198頁）一起使用。

進行法術的適合時機：

週日、週三，或新月期間

施法所需時間：

20分鐘，另加上24至48小時的乾燥時間

進行法術的適合地點：

廚房

材料與工具：

用於攪拌的中型碗及湯匙

1杯小蘇打

$^1/_2$杯海鹽

裡面裝水的噴霧瓶

10滴薰衣草精油

10滴胡椒薄荷精油

10滴迷迭香精油

製皂的矽膠模具，或用瑪芬烤盤

一、清理你的廚房空間。

二、用中型碗混合小蘇打與鹽。

三、用噴霧瓶灑水到小蘇打與鹽的混合物，將其攪拌到混合物呈現像是溼沙的黏稠手感。有需要就多加點水。

四、一邊混入薰衣草、胡椒薄荷與迷迭香精油，一邊專注在自己的意念。

五、將混合物填進矽膠模具或瑪芬烤盤並填實之，然後靜置24至48小時使其乾燥。

六、從模具或烤盤拿出乾燥的浴蒸香磚，保存在密封容器中。

用於寬恕的淨化沐浴

寬恕從內在開始，也只有你能夠決定自己什麼時候可以放下並開始新的生活。藉由此款淨化法術，你將能使自己往新的生活更加靠近一些。請注意，這項法術會用到流動的水，所以只能在淋浴間進行喔！

進行法術的適合時機：

週日、週三，或新月期間

施法所需時間：

20分鐘

進行法術的適合地點：

浴室

材料與工具：

寬恕浴蒸香磚（第197頁）

淋浴設備

一、清理你的浴室。

二、在浴室的角落放一塊寬恕浴蒸香磚。按自己的習慣開始淋浴。

三、當你聞到香磚的香氣時，想著錯待你的人、其行為以及所有相關的感受。

四、然後在淋浴的同時，說：

「吾洗卻痛苦，將其放水流。
心意為寬恕，傷痛盡棄走。」

屏障噴霧

這款屏障噴霧是具有淨化與保護效果的噴霧瓶，其運用的淨化力量由水提供，而保護性質則由精油提供。如果外出會需要屏障的話，就帶上這罐噴霧吧！

進行法術的適合時機：

週六或朔月期間

施法所需時間：

20分鐘

進行法術的適合地點：

祭壇或廚房

材料與工具：

½杯蒸餾水或將自來水煮沸後放涼到室溫的開水

1個容量為6盎司（約170至178毫升）的棕色玻璃噴霧瓶

4滴薰衣草精油

4滴鼠尾草精油

4滴雪松精油

一、清理並準備自己要用到的區域。

二、將水倒入噴霧瓶，再加入薰衣草、鼠尾草及雪松精油。搖晃瓶身使其混合，同時融入你的意念。

三、用兩手一起握著噴霧瓶，觀想自己的能量將它包攏起來並成為液體的一部分。

四、每次使用前都要搖晃瓶子。

心靈防護屏障

亟需立起屏障嗎？可以用這款簡單的心靈防護屏障來抵禦那些朝自己過來的負面能量或其他不好的事物。這道屏障也可用在避免陷入其他人的情緒並保存自己的能量。

進行法術的適合時機：

任何時候

施法所需時間：

10分鐘

進行法術的適合地點：

一開始在祭壇，之後在任何地方都可進行

材料與工具：

屏障噴霧（第199頁）

煙晶（視需要）

一、清理祭壇及周遭區域。如果正處在相當忙碌的行程中，也許你會想要噴一下屏障噴霧。

二、找到舒適的坐姿，專注在自己的呼吸。如需添加額外能量，就用慣用手握住煙晶。

三、專注在自己內在的能量。當你可以觀想這股能量時，嘗試擴展它到包裹你的全身並圍繞著你，應當擴張到身外周遭約1英寸（2.54公分）的程度。請把這道屏障想成氣泡的模樣。

四、運用這道屏障來抵禦任何朝你過來的外界能量或力量。

五、視需要重複以上諸步驟。

巫戰士膏抹用油

你可以運用此款魔油增添自身內在巫師的力量。它可以用來膏抹你自己或是你的工具。此款魔油提供了對於意外、攻擊或負面事物的基本防護。如果要抹在皮膚上，請記得先做小範圍的測試。

進行法術的適合時機：

週四或上弦月期間

施法所需時間：

15分鐘

進行法術的適合地點：

祭壇

材料與工具：

2湯匙基底油，像是杏仁油或荷荷芭油

小的棕色玻璃滾珠瓶或滴管瓶

2滴雪松精油

2滴天竺葵精油

2滴迷迭香精油

一、清理你的祭壇。

二、將基底油倒進棕色滾珠瓶。

三、將雪松、天竺葵與迷迭香精油逐一加入瓶中，同時說：

「吾合此油，提供保護與屏障，助吾警覺、防衛侵擾。」

四、雙手握住玻璃瓶，觀想能量包攏著它。將你的意念灌輸進去。

五、你的油品已經完成附法，可以使用了。請把它膏抹在身體的指壓點（即穴位）、工具、蠟燭或物品上。

保護的水晶陣

你可以借助此水晶陣來放大自己的力量，而它會用到黑曜岩與赤鐵礦（金剛石）等具有保護性質的晶石。其他可以用於此陣的晶石還有黑色電氣石、煤精（jet）、煙晶、螢石與藍晶石（blue cyanite，即 kyanite）。

進行法術的適合時機：

週六或朔月期間

施法所需時間：

30分鐘

進行法術的適合地點：

祭壇或戶外場地

材料與工具：

紙與筆

4顆黑曜岩

3顆赤鐵礦（金剛石）

魔杖或巫刃

一、清理你的祭壇或戶外空間。

二、用紙筆繪出自己感覺最適合的陣形圖案。由於此陣屬保護性質，所以也可畫六芒星感覺看看。先別擺水晶上去，那是步驟四才做的事情。

三、用雙手握住那些水晶，觀想自己的能量與意念跟它們混合在一起，並說一句自己選定的肯定語句，例如「我為這些水晶充能，為我提供保護與屏蔽」。

四、使用這些水晶排成你在步驟二繪出的圖案。先拿一顆的黑曜岩擺在中間，再向外擺置其他晶石。

五、使用魔杖或巫刃啟動水晶陣。導引你的能量，將所有的晶石連結在一起，並說「吾連結此陣，為吾提供保護與屏蔽」。

六、恢復舒適的坐姿、閉上眼睛，用10分鐘冥想自己的意念。

七、只要還想讓水晶陣持續發揮功能，就無需撤陣。你只需每隔幾天用自身能量連結所有晶石並大聲說出自己的意念即可。

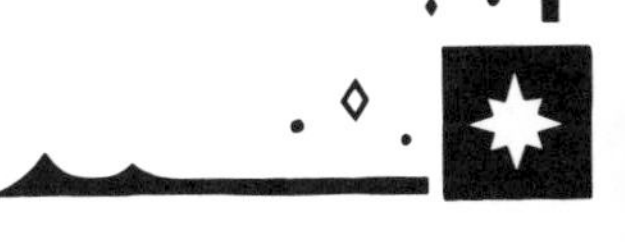

鞏固屏障

心靈屏障須仰賴個人投注時間、心思與力量才能創造出來。而此款屏障基本上是依據「心靈防護屏障」法術（見第 200 頁）所做出的變化。如果你是施法新手或是很難運用自己的能量，那麼運用「保護的護身符」（見第 192 頁）與「屏障噴霧」（見第 199 頁）會非常重要。

進行法術的適合時機：
任何時候

進行法術的適合地點：
任何地方

施法所需時間：
15 分鐘

材料與工具：
屏障噴霧（視需要）
保護的護身符或 1 塊水晶

一、清理所在地方的周遭空間。
二、喜歡的話，此時可以用「屏障噴霧」，為自己的屏障立下基礎。
三、淨化「保護的護身符」或水晶，使自己能夠取用其能量。
四、閉上眼睛、專注在自己的呼吸，連結自己的心靈防護屏障。
五、等到自己與屏障之間的連結已經穩固，就將它擴展到距離身體約自身手臂伸直的範圍，並練習維持這樣的狀態至少 1 分鐘。
六、反覆練習步驟四與步驟五，直到自己能夠確實維持屏障整整 1 分鐘。
七、做好心理準備之後，將屏障從原本手臂伸直的範圍擴展到填滿整個房間。你的屏障在擴展出去的同時，也會把負面的存在或不受歡迎的能量驅離你所在的空間。
八、此法可視需要重複進行。記住，多加練習就會更臻精熟喔！

寬恕的塔羅儀式

你能運用占卜以看出通往寬恕的道路。此法是簡易的塔羅儀式，你可將其調整以適用任何情況。為了使你展開自己的寬恕過程，它會專注在你需先克服的事物上。

進行法術的適合時機：

週日、週一，或朔月、滿月期間

施法所需時間：

30分鐘

進行法術的適合地點：

祭壇

材料與工具：

打火機或火柴

白色獻願蠟燭或茶燭

魔杖或巫刃

1套塔羅牌卡

筆與紙

一、清理你的祭壇。

二、點起蠟燭並設定自己的意念。

三、由於待會要進行冥想的旅行，所以請多花額外的時間立起保護圈以守護你的心智。你可以用魔杖或巫刃畫出一個圓圈，並觀想白光從所畫之處湧現而成為屏障。

四、用以下三個問題來問自己：為了要開始寬恕的過程，我需要克服什麼阻礙呢？我要如何克服這些阻礙呢？我從此事態得到什麼成果？

五、然後坐下來，用「過手洗牌」(overhand shuffle)的方式來洗整套塔羅牌，直到你感覺想停下洗牌動作為止。

六、將整套牌卡(背面朝上)放在祭壇上並展開呈扇狀。

七、閉上眼睛，讓自己連上直覺。

八、挑出三張牌卡，將它們一一翻至正面。

九、第一張卡是第一個問題的答案；第二張卡是第二個問題的答案；第三張卡則是最末問題的答案。

十、用紙筆寫下自己從這些對應問題的牌卡當中看到的訊息。

十一、反思完畢，就收拾塔羅牌卡、熄滅蠟燭，然後撤下保護圈。

駕車保護與祝福

開車之前，施展這款法術吧！它會在你開車的時候為你灌注安全感、保護、專注與警覺。如需保護其他交通運輸形式，就稍加變更此法在步驟七的肯定語句，並將護符的擺設位置從車上改成放在自己的口袋即可。

進行法術的適合時機：

新月期間

施法所需時間：

25分鐘

進行法術的適合地點：

祭壇及你的車

材料與工具：

打火機或火柴

黑色獻願蠟燭

邊長10英寸（約25.4公分）的黑色方布

2茶匙乾燥艾草

2茶匙乾燥杜松

2茶匙乾燥黑鹽

2茶匙乾燥卡宴辣椒

2茶匙肉桂

綠松石或煙晶

筆與小紙張

保護印記（第193頁）

細繩

一、清理你的祭壇。

二、點起蠟燭並觀想自己的意念。

三、將布鋪開，把艾草、杜松、黑鹽、卡宴辣椒與肉桂放在布上，然後說「保護之藥草，請將汝之祝福協助吾」。

四、手握綠松石並連結它的能量。然後將它放在布上，並說「安全之晶石，請將汝之性質分與吾」。

五、在小片紙張畫上你的保護印記。然後也把它放在布上，並說「防禦之印記，請將汝之庇護給予吾」。

六、由布邊將布收攏成袋，用細繩綁緊袋口，同時觀想它的保護能量已經啟動。

七、將這個咒袋放在車裡，像是你的座位下方或是副駕駛座前面的雜物箱。觀想它的能量以白光的型態壟罩整輛車，並說：

「保護之護符，將汝之能量
灌入這輛車及所有零件並予以祝福。」

八、每個月都需為咒袋重複充能。

保護魔罐

這款以你的意念化為能量，能長期助你抵禦惡意的存在或犯罪、不道德的行為。你需要使用具有保護性質的香料以施展此術。

進行法術的適合時機：

週二或新月期間

施法所需時間：

30分鐘，另需3至4小時等待蠟燭燃燒的時間

進行法術的適合地點：

祭壇

材料與工具：

1湯匙黑胡椒

1湯匙小茴香

1湯匙海鹽或黑鹽

1湯匙肉桂

小型或中型有蓋玻璃罐

紙與黑筆

保護印記（第193頁）

3件鐵物（例如鐵釘或赤鐵礦）

4英寸（約10.2公分）高的棕色或黑色鐘頂圓柱蠟燭或小型長錐蠟燭

打火機或火柴

一、清理你的祭壇。

二、逐一加入黑胡椒、小茴香、鹽與肉桂，同時專注在自己的意念。

三、在一張紙上畫出自己的保護印記，將它折妥後放入罐中。

四、將鐵物放入罐中，並蓋上罐蓋。

五、點燃蠟燭，將它橫著拿住，讓蠟液滴在罐蓋上，直到罐蓋上面蠟液的量足夠支撐直立的蠟燭。接著把那根還在燃著的蠟燭轉正，並使勁將其底端壓向罐頂的蠟液使其立在罐頂。穩穩地扶著蠟燭，直到罐頂蠟液凝固到足以自行支撐它。待蠟燭自行燒盡，你的意念就封在魔罐裡。

六、將保護魔罐放在自家正面的附近位置。

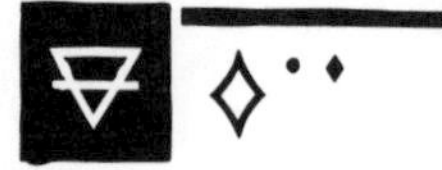

防護牆飾

你可以運用此款牆飾保護自家不受負面事物及惡意力量的打擾。此法有用到鈴鐺、繩結魔法以及屬於地元素的鐵。你可將它掛在自己的房間、辦公室或家宅中央。

進行法術的適合時機：
週六，或上弦月、新月期間

施法所需時間：
30分鐘

進行法術的適合地點：
祭壇

材料與工具：
一捆棕色或黑色細繩或紗線
剪刀
4根事先準備的樹枝（6英寸長，約15.2公分）
6個鈴鐺小飾物
6件鐵物（例如鐵釘、螺帽、螺絲或小型餐具）

一、清理你的祭壇。

二、淨化你的材料。

三、從繩捲取12英寸（約30.5公分）的長度剪繩，至少剪出30條。然後把它們擺至一旁。

四、將四根樹枝彼此交疊擺置成菱形，交疊處即是菱形的角。

五、另從繩捲取繩，將這菱形的各個角固定住。

六、拿起擺在一旁的繩段用牛索結綁在菱形的下半部，盡可能地綁滿。

七、將小鈴鐺、鐵物個別綁在不同的垂墜細繩上。

八、將這牆飾用細繩懸掛起來。

九、至此，你的牆飾已經可以抵擋負面事物與惡意力量。當不受歡迎的能量靠近時，鈴鐺會響喔！

第9章

身心平衡 成功與豐盛

身心平衡、成功與豐盛的法術能夠幫助你開始具現自己想要的生活。這些法術並不會為你完成一切過程，而且它們需要大量的能量、練習、耐心與心力才會成功。所以當你開始運用這類魔法時，請從簡單可行的開始做，運用個人實際可行的目標來設定自己的意念。你會發現，在這章節的所有法術均是專注在正向品質、好運、自我照顧，還有喜樂。

明晰茶法術

你可以運用此款明晰茶法術，以更加清楚看見自己想要達成的心願究竟是什麼。它能幫助你了解那些有壓力的狀況所具有的意義，從而協助你放鬆下來並敞開自己的心智。

進行法術的適合時機：
週六、週日，或新月期間

施法所需時間：
15分鐘

進行法術的適合地點：
廚房

材料與工具：
小鍋
1杯水
$\frac{1}{2}$茶匙乾燥艾草
$\frac{1}{2}$茶匙乾燥馬鞭草
$\frac{1}{2}$茶匙乾燥洋甘菊
$\frac{1}{2}$茶匙肉桂
$\frac{1}{2}$茶匙乾燥薰衣草
細紗濾布或濾杯
用於飲用的杯子

一、清理你的廚房。

二、用小鍋把水煮沸，並在過程中設定自己的意念。

三、將鍋子拿離火源。

四、將艾草、馬鞭草、洋甘菊、肉桂及薰衣草加入鍋裡浸泡10分鐘，同時冥想自己的意念。

五、將茶湯濾到杯子。用手在杯上順時針移動，並說：

「助吾見識，吾應知曉之事。」

六、感受能量滲入茶湯。好好飲用享受吧！

身心平衡鏡法術

你有抓到那煩擾無休的負面能量嗎？它就像蚊蟲那樣，幾乎難以避免，其來源可能是閱讀相關新聞、面對日常難處，或是待在某些喜愛散播負面事物、到處抱怨的人們附近。這法術會用鏡子來捕捉負面能量，保護你不受其影響。

進行法術的適合時機：
新月期間

進行法術的適合地點：
祭壇

施法所需時間：
20分鐘

材料與工具：
折疊式化妝鏡
打火機或火柴
白色獻願蠟燭
紙與筆

一、清理你的祭壇。

二、淨化折疊式化妝鏡。

三、將折疊式化妝鏡打開，放置在祭壇上。

四、點燃蠟燭，把它放在鏡子上，並說：

「燃燒之燭，照耀明亮；身心平衡，吾能創造。」

五、在鏡子反射燭光的時候，用15分鐘冥想自己的意念及整體的身心平衡，尋找那些能夠使你快樂且健康的平衡、目的、連結及事物。

六、允許那些能夠支持自己專注於身心平衡的訊息或靈視為自己所知，想要的話也可以把它們寫下來。

七、結束時熄滅蠟燭。此法可視需要重複進行。

正向燃香

此款經過施法的燃香可以讓你產生正向的態度，每當你需要在情緒、心智或靈性方面振作自己時，請燃起此香。正向燃香也很適合搭配有關具現或吸引成功、豐盛或身心平衡的法術一起使用。

進行法術的適合時機：

週五或上弦月期間

施法所需時間：

10分鐘

進行法術的適合地點：

祭壇或廚房

材料與工具：

容量為2至3盎司（約57至89毫升）的有蓋玻璃罐

1湯匙乾燥薄荷

1湯匙乾燥洋甘菊

1湯匙乾燥百里香

1湯匙乾燥鼠尾草

1湯匙乾燥薰衣草

一、清理你的祭壇或廚房空間。

二、將薄荷、洋甘菊、百里香、鼠尾草及薰衣草逐一放入玻璃罐中*。專注在讓正向的態度灌注到藥草混料，並說：

「願此複方，為吾帶來正向與平衡的生活；
願此複方，抵擋負向，阻卻衝突。」

三、將罐子蓋緊，然後拿起來充分搖晃。

四、此款燃香可直接用明火燃燒，或是放在不燃材質的碟子上，用已燒至紅亮的碳餅燃燒之。

---

*譯註：如果這些材料看來塞不進罐子的話，可參考「慾望燃香」（第59頁）處理材料的方式。

好運護符

你可以製作此款好運護符來提升自己的幸運，它會用到象徵運氣、幸運、開始與財富的北歐符文字母「費胡」（Fehu），而且是個能夠隨身攜帶以改善際遇的木片雕刻物品。

進行法術的適合時機：

週四或上弦月期間

施法所需時間：

15分鐘

進行法術的適合地點：

祭壇或工作檯

材料與工具：

1塊事先準備的木片，大小接近直徑2至3英寸（5至7.6公分）的圓形

180號至220號的砂紙

小刀或奇異筆

一、清理你的祭壇或工作檯。

二、開始用砂紙打磨木片，把表面有粗糙或尖刺的地方磨掉。

三、用小刀或奇異筆在那木片上刻下或畫上符文字母「費胡」，並說：

「費胡，汝為好運的符文，
請在吾的奮鬥當中支持吾，
為吾招來幸運、展開新局。」

四、好運護符可以隨身攜帶，或存於安全之處以應日後亟需之時。

豐盛油膏

豐盛油膏可以增強你吸引豐盛的能量。它會助長喜樂，並激發心智、身體與靈魂的力量。此款油膏含有藥草與維生素 E，所以你也可以用它來舒緩乾燥的皮膚。

進行法術的適合時機：

週四，或滿月、新月期間

施法所需時間：

25分鐘

進行法術的適合地點：

廚房

材料與工具：

¼杯白蜂蠟粒（white beeswax pastilles）

⅓杯初榨椰子油

可以微波的中型碗

⅓杯杏仁油

½湯匙維生素 E 油*

3個容量為3盎司（約85至89毫升）的金屬盒或罐

一、清理你的廚房空間。

二、將蜂蠟與椰子油放進可以微波的碗中，每加熱30秒就停一下。

三、攪拌內容物之後再繼續加熱，如此反覆進行直到蜂蠟完全融化。注意別讓內容物加熱到沸騰的程度。

四、攪入杏仁油與維生素 E 油，並專注在吸引豐盛的自身意念。

五、攪動混合物，同時說：

「豐盛，來吾這裡。」

六、混合均勻之後，就將它倒入金屬盒或罐中待其凝固。

---

*譯註：關於維生素 E 油的取得，最方便的方法應是剪開幾顆維生素 E 的膠囊，將內容物擠出來用。至於富含天然維生素 E 的油品，可以參考小麥胚芽油。

自尊護符

當你感覺越糟時，就越沒有動力，反之亦然。請使用此款自尊護符，取回自己的自我價值感並克服自我懷疑的惡毒循環。每當你需要多相信自己一點的時候，就戴上它吧！

進行法術的適合時機：

週一、週三、週五，或上弦月期間

施法所需時間：

15分鐘

進行法術的適合地點：

祭壇

材料與工具：

正向燃香（第216頁）

碳餅

不燃材質的盤子

打火機或火柴

1件首飾或是以水晶或石頭為墜飾的項鍊

一、清理你的祭壇。

二、在不燃材質的盤子上放置碳餅，然後將燃香放在碳餅上。點起燃香，閉上眼睛，並說：

「吾將自己的低落自尊與懷疑釋入煙中。」

三、接著冥想自己的意念達5分鐘。

四、張開眼睛，將首飾或項鍊過一過燃香的煙氣，為它進行淨化、潔淨與聖化以供使用。

五、將它過燃香的煙氣三遍，並說：

「每過一遍，使吾潔淨、煥發及閃耀。」

六、至此，護符已可以供你配戴或攜帶。每隔幾個月便重新充能一次。

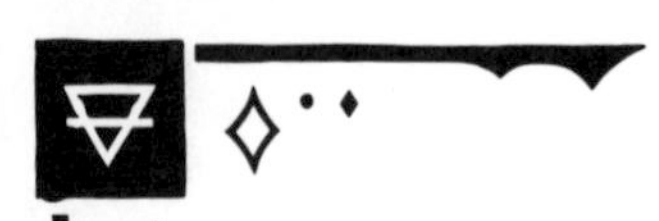

舒緩身體的法術

你的身體就跟那些用於巫術的工具一樣神聖，所以滋養、榮耀身體等為自己所做的許多事情是很重要的。請用此法術來擁抱自己、身體以及一切使你成為現在的自己之事物。

進行法術的適合時機：
週一或新月期間

施法所需時間：
15分鐘

進行法術的適合地點：
浴室

材料與工具：
鏡子
大的盤子
白色或粉紅色柱狀蠟燭
2湯匙基底油，像是橄欖油或杏仁油
1湯匙乾燥薰衣草
不燃材質的盤子
打火機或火柴

一、清理你的浴室。

二、在鏡子面前站妥或坐妥。

三、在大盤子上，用基底油塗敷整根蠟燭，注意別讓燭芯沾到油。

四、將乾燥的薰衣草撒遍整根蠟燭，直到它們沾附其上。專注在自己的意念。

五、將不燃材質的盤子放在面前，其上放置已膏抹的蠟燭，再將它點燃。

六、凝視自己在鏡中的身影，並說：

「吾是完美，吾為完整。
吾愛自己，於身、於心、於靈均是如此。」

七、此法術可視需要重複進行。

內在野心的占見

你可藉由火的協助來啟動、取用那藏於自身內在的野心。火見是占卜的形式之一，係運用火焰顯露訊息或影像。舞動的燭焰能夠示現秩序與混沌、行動與重生，而火見能夠幫助你更加清楚看見自己的野心與夢想。

進行法術的適合時機：
週二、週日，或新月、上弦月期間

施法所需時間：
15分鐘

進行法術的適合地點：
祭壇

材料與工具：
5顆紫色或白色茶燭
打火機或火柴
紫色或白色獻願蠟燭或柱狀蠟燭
紙與筆

一、清理你的祭壇。
二、想像你的祭壇上有個隱形的五芒星，將茶燭個別放在它的五個尖角上。將它們點燃。
三、將獻願蠟燭放在隱形五芒星的中央（同為步驟五要點燃的蠟燭）。
四、閉眼冥想自己的意念5分鐘。
五、感覺自己做好準備後，點燃位於中央的蠟燭。
六、專注在火焰上。思索自己的野心與夢想。
七、讓燭焰揭露訊息與影像，想要的話就拿紙筆記下來。

成功印記

運用成功印記吸引成功進入自己的生命吧！創造印記的過程可以讓你做出代表個人意念的象徵物，算是你向自身內在探求以創造出專屬魔法事物的一種方式。

進行法術的適合時機：

週日或上弦月期間

施法所需時間：

15分鐘

進行法術的適合地點：

祭壇與戶外

材料與工具：

橘色墨水的筆

2張紙

一、清理你的祭壇。

二、依照自己的意思擬出一句英文的肯定語句，像是「我有自信、力量，而且成功」(I am confident, powerful, and successful)。

三、移除這句話裡面的母音及重複的字母，將其縮短，例如上述的肯定語句在縮短之後應該只剩「mcnfdtpwrls」。

四、將這些留下來的字母拆解成基本筆畫，像是彎、點、橫及豎等等。把這些筆畫寫在同一張紙上，肯定語句的下方。

五、在同一張紙上，將那些筆畫組成某個形狀的輪廓，可以是正方形、心形、十字架或三角形。然後將其他沒有放進去的筆畫，像是圓、弧與橫線，沿著輪廓線條放置或圍繞那個形狀。這整個圖形將是你的成功印記。

六、用第二張紙重新繪製那藏有自身意念的成功印記，請隨身攜帶。

好運法術

藉此法術，你可將一枚一塊錢硬幣獻給世界，以換取在生活中吸引更多好運。將硬幣留在某個地方給陌生人取用，不僅可以提升你的運氣，也會改善你的業力。

進行法術的適合時機：

任何時候

施法所需時間：

10分鐘

進行法術的適合地點：

戶外

材料與工具：

1枚一塊錢硬幣

白水晶（視需要）

一、專注於呼吸，使自己歸於中心。如果自覺需要更多能量，就從白水晶取用。

二、將一塊錢硬幣握在手上，並把自己的意念灌注其中。

三、閉上眼睛，並說：

「吾將小錢送給世界。

小錢為吾招來三倍的幸運與機會。

藉此奉獻，吾與不知者共享善業。」

四、在無人看得到你的地方，將你的硬幣以人頭那面朝上的方式放在那裡，接下來就等好機運來找你吧！

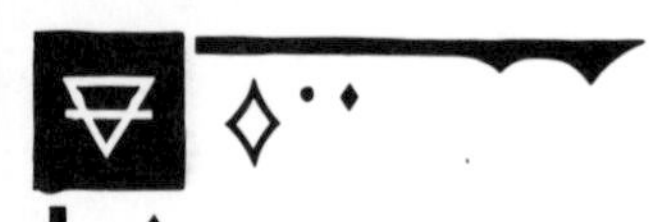

豐盛薄荷茶

請用這款容易調製但功效強大的薄荷茶邀請豐盛進入自己的生命吧！薄荷素有豐盛、興旺、療癒、運氣與力量之名，而此款茶可以直接飲用，或用於「豐盛之根」法術（見第223頁）。

進行法術的適合時機：
上弦月期間

施法所需時間：
15分鐘

進行法術的適合地點：
廚房

材料與工具：
中型鍋
1夸脫（約1至1.1公升）或4杯水
1/2杯新鮮薄荷或1/4杯乾燥薄荷
細紗濾布或濾杯
用於飲用的杯子

一、清理你的廚房。

二、用中型鍋把水煮沸，以去除雜質。

三、將鍋子拿離火源。

四、將薄荷撒入鍋裡並說：

「吾藉此草，灌入豐盛與善意。」

五、在等待浸出茶湯的過程中，觀想自己的意念10分鐘。

六、將茶湯濾入杯中飲用，或濾進罐裡並將它灑遍你家的土地上。另一變通作法，則是將它用在「豐盛之根」法術。

「豐盛之根」法術

此款法術係用來將你連結到果樹的能量，以歡慶它們的豐盛並汲取其能量。如要放大這法術，可以預先準備「豐盛薄荷茶」（見第224頁）來用。

進行法術的適合時機：

上弦月期間

施法所需時間：

30分鐘，另加上前往果樹的時間

進行法術的適合地點：

戶外

材料與工具：

果樹

豐盛薄荷茶或¼杯乾燥薄荷

一、在你家庭院或個人安全有保障的鄰近區域找到一棵果樹。

二、用自己的能量注入周遭環境並擴展出去，以清淨整個環境。

三、將你的手按在果樹上，並說：

「生產果實的樹木啊，吾為汝帶來附法禮物，
讓汝旺盛成長。」

四、然後一邊繞樹行走，一邊向樹根撒下薄荷或澆淋豐盛薄荷茶，並說：

「與吾同享三倍的豐盛。」

五、閉上眼睛，觀想自己與那棵果樹之間的連結。

「身心平衡」膏抹用油

你將在這法術中混合一款用於膏抹的油品，並予以充能、祝福。它可以用來膏抹物品、用於身心平衡法術，或是將其塗在脈搏點上，算是強化自身意念——即吸引正向品質進入個人生活——的一種作法。

進行法術的適合時機：
新月或滿月期間

施法所需時間：
20分鐘

進行法術的適合地點：
祭壇或廚房

材料與工具：
小型棕色玻璃滾珠瓶或滴管瓶
1湯匙基底油，像是荷荷芭油或杏仁油
2滴廣藿香精油
2滴薰衣草精油
2滴伊蘭伊蘭精油
1茶匙乾燥洋甘菊

一、清理你的祭壇。
二、將基底油倒入棕色玻璃滾珠瓶。
三、接著加入廣藿香、薰衣草與伊蘭伊蘭精油，同時專注在自己的意念。
四、加入洋甘菊，將瓶中剩餘空間填滿。
五、雙手握住玻璃瓶，並觀想能量包攏它。用你的意念為瓶子充能，並說：

「吾藉此油，混合身心平衡與感激之情，並以此祝福之。」

六、每當你需要活在當下、吸引正向品質的時候，就將它擦在身上*。

＊譯註：即脈搏點

「編織成功」法術

藉由繩結魔法及象徵成功的符文「索威羅」(Sowilo)的協助，你能將成功織進自己的生命。若將「索威羅」用在法術中，它能幫助你找到指引、掌握目標設定並達到個人的完全(wholeness)。你能藉此法術將自身意念編織在一起，在生活中創造出正向的改變。

進行法術的適合時機：

週日或滿月期間

施法所需時間：

30分鐘

進行法術的適合地點：

祭壇

材料與工具：

小刀

橘色、金色或銀色柱狀蠟燭

打火機或火柴

3條橘色的細繩或細線，長18英寸(約45.7公分)

一、清理你的祭壇。

二、用小刀在蠟燭上刻下「索威羅」符文字母。

三、點燃蠟燭，設定自己的意念並提升自身能量。

四、將三條細繩的一端用單結綁在一起，同時想著在自身生活各方面吸引成功。

五、開始將這三條細繩編成辮子，並說：

「目標之繩，相互織就；
完全之繩，彼此連結；
成就之繩，一齊纏繞；
成功之辮，交織結合。」

六、在繩辮末端打結。冥想 10 分鐘，專注在自己所創造出來的作品，親自感受它的力量。

七、在冥想完成時，熄滅蠟燭。

八、將繩辮掛在自己生活中需要吸引更多成功的地方。

成功的奉獻法術

此款奉獻法術係運用正午太陽與大地土壤的能量，其供品則是用來吸引成功的事物，像是肉桂棒、新鮮的薑、香蜂草、佛手柑，還有你的「成功印記」（見第222頁）。

進行法術的適合時機：
在新月或上弦月當天的正午

施法所需時間：
25分鐘

進行法術的適合地點：
祭壇與戶外

材料與工具：
打火機或火柴
橘色獻願蠟燭
橘色墨水的筆
成功印記
紙張
1根肉桂棒
4英寸（約10.2公分）新鮮薑根
新鮮香蜂草的枝條
橘色細繩或細線
3滴佛手柑精油

一、清理你的祭壇。

二、點燃橘色蠟燭以吸引成功。

三、用橘筆在一張紙上繪出自己的「成功印記」。這張紙會用來承載所有供品。

四、在紙上放置肉桂棒、薑根以及香蜂草的枝條。

五、一邊專注在自己的意念，一邊用那張紙打包所有供品。用橘色細繩將其綁妥並打上一個結，形成一個小包裹。

六、在打結的地方滴上佛手柑精油。

七、用5分鐘冥想自己的意念。

八、熄滅蠟燭。

九、走到戶外，找到能夠讓自己面朝北方的地方，準備埋下步驟五做出來的小包裹。

十、用雙手挖出淺洞，將小包裹放進去，並說：

「在太陽強烈光輝下，
吾將此禮獻予大地，
換汝等賜予的成功。」

十一、將洞填平，手按著大地冥想5分鐘。

十二、感受太陽與大地的能量結合起來，為你帶來成功。

十三、在離開之前，感謝賜與能量的太陽與大地。

「種植喜樂」法術

快樂常在伸手可及之處，但不那麼常在我們手中。請施展此法以綻放喜樂，讓自己展現光采並隨順當下。在此法術當中，你會種下一棵樹木或灌木，而它將讓你找到那股處在自然界的喜樂。

進行法術的適合時機：

週三或週日

施法所需時間：

45分鐘

進行法術的適合地點：

戶外

材料與工具：

屏障噴霧（第199頁）（視需要）

鏟子

花草或樹木

5塊白水晶

園藝手套（視需要）

水（其量需足以澆灌植物，然而植物對水的需求各自不同，所以務必先做好功課喔！）

1小撮鹽

一、運用個人直覺選擇戶外某個地點（例如自家花園的某處），用來種植自己喜歡的花草或樹木。

二、清淨擇定的地點。想要的話，也可以為那裡噴灑「屏障噴霧」。

三、用鏟子的尖端在地上畫出一個五芒星，其大小要足以含括你自己以及要種的植物。

四、在五芒星的各個尖端放置一顆白水晶。

五、在地上挖一個洞，想要的話也可以戴上園藝手套來做。

六、將花草或樹木安置在洞裡。將土壤填回植物的底部使之穩固。

七、在植物旁邊靜默冥想 10 分鐘，延伸自己的意識以連結它的能量。然後一邊默想，一邊說：

「喜樂植物，
充實吾命、
明亮吾心、
提振吾靈。」

八、為你的植物澆水，並向周遭環境以手指揉搓的方式輕撒鹽巴作為供獻。

九、每週都要去照顧你的植物，重複進行默想與唸咒。

成功符文餅乾

這些成功符文餅乾讓你能把巫術帶進烘焙工藝之中！此款附法餅乾的配方，是用來協助你提升能量以達成自己的目標。每片餅乾都飾以象徵成功的符文字母「索威羅」(Sowilo)，以促進個人的成功、完全與成就。

進行法術的適合時機：
週日或新月期間

施法所需時間：
30分鐘

進行法術的適合地點：
廚房

材料與工具：
2 3/4杯中筋麵粉
1茶匙小蘇打粉
1/2茶匙泡打粉
1杯牛油(室溫)
1 1/2杯糖
1顆蛋
1茶匙香草精

一、清理你的廚房。
二、將烤箱預熱到華氏375度(約攝氏191度)。
三、用小碗混合麵粉、小蘇打粉與泡打粉，然後放置一旁。
四、用大碗將牛油與糖拌至滑順的程度。再加入蛋與香草精拌勻。
五、將步驟三的乾料拌入步驟四的溼料，並不斷拌揉，直到形成一團麵團。
六、將麵團分成數個小麵糰，滾成直徑3英寸(7.6公分)的球狀，然後將它們放在烤盤上壓扁。

七、用小刀在每片餅乾上刻畫符文字母「索威羅」，同時專注在自己的意念。

八、進烤箱烤 8 到 10 分鐘，或烤至表面呈現金黃色的程度。

九、拿出之後，讓餅乾靜置 2 分鐘，然後再將它們移到烘焙散熱架繼續冷卻。

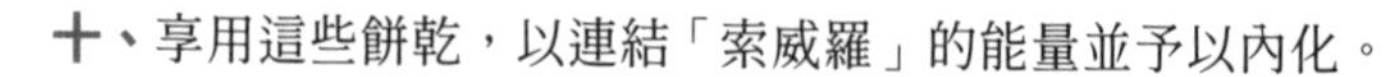

十、享用這些餅乾，以連結「索威羅」的能量並予以內化。

「安全毯」法術

在這法術當中，你會將一張普通的毯子附上安適與安全感，並灌輸經過加密的印記。你可以將它留作己用，或是當成禮物送給年幼孩童。毯子在用於法術之前最好先清理過，使它不會殘留老舊或凝滯的能量。

進行法術的適合時機：

週六、週日，或滿月期間

施法所需時間：

30分鐘

進行法術的適合地點：

祭壇

材料與工具：

毯子

打火機或火柴

紫色蠟燭

奇異筆

安全感印記

一、清理你的祭壇。

二、淨化毯子。

三、點燃蠟燭，專注在自己想要具現安適、安穩與安全感之意念。

（注意用火安全，蠟燭與毯子之間要維持安全距離。）

四、用手臂抱住毯子，並說：

「就像堅定與強壯的大地，

吾祝此毯，提供同樣的保護並耐久；

就像溫暖與明亮的火焰，

吾祝此毯，為每晚提供同樣的安適；

就像療癒與純淨的清水，

吾祝此毯，提供同樣的安心與保障；

就像迅速激發靈感的空氣，

吾祝此毯，為使用者振作精神，使其完成心願。」

五、用5分鐘冥想自己的意念，好為毯子充能。

六、使用製作「保護印記」的步驟（見第193頁）來製作「安全感印記」，只要把原本的「protect」換成「security」（安全感）即可。將做出來的「安全感印記」繪在毯子的標籤上。

譯註：完成法術之後，記得熄滅蠟燭喔！

成功與豐盛的巫梯

製作一副長度等身的巫梯來激勵成功與豐盛吧！巫梯係源自民俗魔法，並納入繩結魔法，其最佳用途應是配合成功與豐盛相關的冥想與儀式。

進行法術的適合時機：

週六、週日，或滿月期間

施法所需時間：

45分鐘

進行法術的適合地點：

祭壇

材料與工具：

3根蠟燭，顏色分別為橘色、白色及藍色

打火機或火柴

3綑紗線，顏色分別為橘色、白色及藍色

剪刀

9件自選飾物（例如串珠、羽毛或迷你鈴鐺飾物）

一、清理你的祭壇。

二、將蠟燭在祭壇上排成三角形並點燃。

三、從每團紗線剪下與自己身高等長的紗線。

四、將三條紗線的一端用單結綁在一起，同時想著為自身生活的各個方面吸引成功。

五、在紗線上定出九等分，而每一等分的開始即是編辮過程中要把飾物編進來的位置。

六、開始將紗線編辮，在每一等分開始時取一飾物打結編入其中。

七、當你在打每個結時，可以按照自己的意思唸誦傳統巫梯咒語：

「打一結，術已始；
打二結，法已真；
打三結，願已成；
打四結，力已存；
打五結，意已行；
打六結，吾法已定；
打七結，未來已釀；
打八結，意念必成；
打九結，碩果吾享。」

八、完成編辮後，於末端打結。為你的巫梯找個安全的地方（例如家裡的衣櫥），把它懸掛起來吧！

參考資料

《巫學雜誌》(Witchology Magazine)

這是我發行的現代巫術與魔法月刊。它是相當有價值的參考資料，其內容係由一群經驗豐富且樂意與讀者分享自身道路的作家撰述。

《魔藥學：魔法、藥草與巫術的神奇秘密》(Cunningham's Encyclopedia of Magical Herbs)，史考特・康寧罕(Scott Cunningham)著

這本書含括400多種藥草的性質、歷史與運用方式，是新手巫師必備書籍之一。當你需要在法術中增添藥草時，就參考這本百科全書吧！

《魔藥調製聖典與現代應用指南》(The Complete Book of Incense, Oils and Brews)，史考特・康寧罕著

這是我喜愛的參考書籍之一。在習得如何個人操作運用藥草、香料與植物的基本知識之後，這本書將使你的技藝更加進步，並協助你創造出量身訂做的燃香、魔油、藥水及其他有用的魔藥。

《康寧罕的水晶、寶石與金屬魔法百科全書》(Cunningham's Encyclopedia of Crystal, Gem & Metal Magic)，史考特・康寧罕著

巫師的個人習修重點之一即是與大地的自然元素共同合作。此書含括上百種晶石與金屬，能幫助你找出適用於自身法術的最佳水晶、寶石或金屬。

《盧埃林的巫曆書》(Llewellyn's Witches' Datebook)

這本巫曆書每年會出一次，它有助於你安排個人事務並清楚知道當年的年之輪以及星象移動。請用它來記錄自己施展的法術，並為來年預先規畫。

《彩繪影書》(Coloring Book of Shadows)，
艾米・切薩里(Amy Cesari)著

新手巫師在開始探索這條道路時，可能會覺得吃不消，然而藉由這本影書的協助，應該不會發生這種狀況。你可以一邊彩繪著色，一邊學習水晶、藥草及其他自然元素的知識。請按自身道途的需要來調整，並用其書頁撰寫自己最初的幾個法術吧！

致謝

我要感謝在本書撰寫過程支持我的優秀團隊：我那出色的夥伴里昂（Leon），感謝你在我寫作過程中的鼓勵；感謝可愛的靈寵（familiar）娜拉（Nala），在寫作時總是與我同在；感謝好姊妹希薇亞（Sylvia），總是督促我要盡自己所能；還要感謝《巫學雜誌》的團隊，在我請假寫書期間仍持續為月刊寫出上好文章；最後要感謝我的優秀編輯克萊兒·伊（Claire Yee），她的魔法幫助本書的文字更加生動活潑。

作者簡介

安柏希雅．哈索恩（Ambrosia Hawthorn）是出生在美國加州的旅行兼容巫師，其原住民文化根源係尤皮克人（Yup'ik）的薩滿思想及波多黎各（Puerto Rico）的民俗魔法。

她是巫術部落格「狂野女神魔法」（Wild Goddess Magick）的版主，以及月刊《巫學雜誌》（Witchology Magazine）的編輯，並在閒暇時分以占星家的身分探究諸星，以牌占師的身分連結宇宙。她從 13 歲起確立個人的習修方式，並鑽研巫術技藝及個人傳承至今。安柏希雅的理想是提供資料給各類巫師參考，而她也運用年之輪為各種魔法創造新的內容並分享之。

The Spell Book for New Witches by Ambrosia Hawthorn

新巫魔法書

出　　版／楓樹林出版事業有限公司
地　　址／新北市板橋區信義路163巷3號10樓
郵政劃撥／19907596　楓書坊文化出版社
網　　址／www.maplebook.com.tw
電　　話／02-2957-6096
傳　　真／02-2957-6435
作　　者／安柏希雅．哈索恩
譯　　者／邱俊銘
企劃編輯／陳依萱
校　　對／周佳薇
港澳經銷／泛華發行代理有限公司
定　　價／420元
初版日期／2022年5月

國家圖書館出版品預行編目資料

新巫魔法書 / 安柏希雅．哈索恩作；邱俊銘翻譯. -- 初版. -- 新北市：楓樹林出版事業有限公司, 2022.05　面；公分

譯自：The spell book for new witches : essential spells to change your life.

ISBN 978-626-7108-33-8（平裝）

1. 巫術

295　111004834